La Raccolta

Ciò che ci salva raramente è ciò che ci aspettiamo.

Una specie di caos: Poesie 2017–2026 vive tra i sogni fantastici del desiderio. Queste poesie esplorano i momenti in cui l'oscurità si scontra col dubbio, quando l'ambizione si trasforma in isolamento, quando l'approvazione sembra al tempo stesso necessaria e tossica. Si rivolge a chi non trova pace nella vita di tutti i giorni—a chi ha conosciuto un amore immenso, fallito troppe volte, o consumato da un'intensità impossibile da contenere.

Questa raccolta è un'indagine su cosa significhi essere vivi—confusi, fragili, fuori di sé e liberi.

Attraversa le linee del pericolo
e scopri fin dove puoi arrivare
prima di diventare gentile e noioso.

UNA SPECIE DI CAOS

POESIE: 2017-2026

JOSEPH ADAM LEE

Red Fox Runs Press
New York, New York

RED FOX RUNS PRESS
909 3RD AVENUE
#127
NEW YORK, NEW YORK 10150

Un marchio editoriale di The Rebel Within

Prima edizione: 2026

Nota dell'editore

Questa è un'opera di finzione. Nomi, personaggi, luoghi ed eventi sono frutto dell'immaginazione dell'autore o vengono utilizzati in modo fittizio. Qualsiasi somiglianza con persone reali, vive o decedute, attività commerciali, eventi o luoghi è puramente casuale.

L'editore non ha alcun controllo sui siti web dell'autore o di terzi e non si assume alcuna responsabilità riguardo alla paternità dei contenuti presenti su di essi.

Ringraziamenti
Copertina e impaginazione: Eleni Rouketa
Traduttrice: Michela Nargino

Contatti
Email: joe@therebelwithin.com
Sito web: www.josephadamlee.com
Instagram: @joseph.adam.lee

Dati di catalogazione della Biblioteca del Congresso degli Stati Uniti
Lee, Joseph Adam. 1986-
Una specie di caos: Poesie 2017–2026 / Joseph Adam Lee.

LCCN: 2025924764

ISBN: 978-1-946673-75-6 (Copertina morbida)
ISBN: 978-1-946673-77-0 (Copertina rigida)
ISBN: 978-1-946673-76-3 (Libro digitale)
ISBN: 978-1-946673-78-7 (Audiolibro)

a *Nick Hurwitz*

Indice

Una specie di caos

Reimmaginare significa ammettere
di non essere stati i primi.

L'alibi di pizzo nero

Le donne non si concedono il permesso
a meno che non siamo noi a dar loro libertà.
Il loro alibi è il conforto
ciò che cercano.
Una forza potente
che dona loro il privilegio,
tra l'aura della privacy.

È il loro travestimento,
un velo di pizzo nero,
abbastanza luce
per entrare e uscire.

I modi educati e gentili,
corretti e prevedibili,
sono gli assassini del desiderio femminile.
Non cercano ciò che ci si aspetta;
cercano ciò che potrebbe
stupire, sciogliere, o farle gemere.

Lavorano duramente per non rivelarlo.
È il segreto dei loro sensi.
C'è lussuria nella loro mente
e logica nel loro cuore.
Non importa cosa pensi—
purché tu non le scopra.

Le donne muoiono di fame
quando le cose diventano piatte,
in attesa del taglio—
un frammento di pelle pronta a sanguinare.
Vogliono calore, dannazione,
non qualche brivido gelido.
Dà loro libertà.
Lasciale liberare.
Guardale liberarsi.

E non dire una fottuta parola mentre lo fanno.

L'uomo delle caramelle

Le situazioni ipotetiche smascherano gli idioti,
la loro incapacità di seguire le regole.

Anzi, piegano le regole a loro favore—
una registrazione di illusioni,
una scintilla di paura moralista,
e perfino loro sanno
che è tutto sbagliato.

Inventano l'autorità
per colmare i vuoti,
ridicole e particolari,
aggressive nel rifiutare,
cieche di fronte alle idee, alle persone, alla qualità
se non rispecchia le loro condizioni.

La stupidità le rende piccole,
e a loro piace così.
Vivono secondo una logica irragionevole—
senza gambe, senza radici, senza presa.
Una beffa inventata
per far passare il tempo.

E ci credono,
soprattutto quando la gloria viene distribuita.
La afferrano
come cioccolato a Halloween,
con il volto sporcato
nel fango del trionfo.

Gli stronzi vedono la loro indifferenza
come un sacchetto di carta marrone,
stropicciato da dichiarazioni libere,
lacerato dal tradimento,
che li marchia come sciocchi.

Non guardano mai l'uomo
che distribuisce caramelle.
Perché fingere?
È lui
che più disprezzano.

Strade buie

Le corsie erano sgombre.
Il pontile, chiuso.
Lo stagno, più scuro del petrolio.

Punti di luce mi fissavano dall'alto,
sperando che dicessi qualcosa,
che facessi qualcosa.

Corsi oltre,
quasi senza notarli.

La città d'inverno era così:
sbalzi di clima improvvisi,
neve domani,
ma stasera calda come primavera.

Ero solo al parco.
Solo con molte altre cose, in quella stagione.
Non trovavo mai il tempo per andarmene,
eppure ero lontano.

La strada si piegava ai miei passi.
La terra morta respirava in cerca di luce.
Ci correvo sopra,
tagliando dritto dove, ad aprile,
si sarebbe fermato il carretto dei pretzel.

Era solo febbraio.

Lo scudo del cielo non contava.
A New York le stelle non brillano.

I passanti.
I ciclisti.
Quelli che resistevano
brillavano sui viali.

Io non brillavo,
ma presto l'avrei fatto.
Così restai sull'asfalto,
finché non fui pronto
a parlare con le luci.

Un'anima creativa non costa nulla.
Finché non arriva il momento di dimostrarlo.

Conservare il tempo sprecato

La gente ama l'eleganza delle metriche,
soprattutto quando si tratta di misurare quanto tempo
ci è voluto.

Anche quando il tempo andrebbe preservato,
lo disperdiamo senza accorgercene.
Un grido di senso—
eppure ci svalutiamo.

"Ci ho messo tre ore a farlo!"
"Ho impiegato dieci anni a scrivere il mio libro!"
"Siamo stati insieme sei mesi."
"Abbiamo lavorato qui trent'anni."

Ma quando termina, svanisce.
Tempo, tempo e ancora tempo—
più veloce di quanto ci sia voluto per arrivarci.

Sprecato per cosa?
Non lo sapremo mai.

Ma cazzo,
c'è voluto taaaaaanto tempo.

L'indignazione ispira la creazione,
ma è l'artista a donarle bellezza.

"Siamo pronti"

La gente non riesce a tenere il passo.
Si arrende
più in fretta di un pesce
che cerca di nuotare controcorrente.

A prescindere dalle dichiarazioni,
l'americano si arrende in fretta—
annegando la dignità in nome della pressione.

Un tempo, la resistenza era motivo di orgoglio.
Oggi è diventata uno spettacolo,
con un pubblico sarcastico nello sconcerto.

"Deve esserci equilibrio?"
"Come osi farci fare una brutta figura!"
"In ogni caso non ci coinvolgi."
"Dacci una possibilità, un turno, un posto."

Ciò che è instabile ci rende forti.
Anche il muscolo deve lacerarsi prima di crescere—
e lo stesso dobbiamo fare noi.

Dobbiamo essere lacerati, sconfitti, umiliati.
La derisione è il nutrimento invisibile.
Nessun alimento, se non la promessa,
può sostenere la propria spinta.

Eppure continuiamo a mangiare, in abbondanza.
Creiamo un'immagine da-proiettare:
potente, ben guidata.
La prova non conta.

E quando tutto ci scivola tra le dita—
quando il matrimonio è concluso,
il bambino è nato,
l'edificio mai costruito
ma l'azione continua—
ci rivolgiamo alla fede come al prossimo rito di passaggio,
il nostro segno emblematico di ciò che è giusto.

Diciamo che Dio è il nostro giudizio morale.
Ma Dio non è la nostra famiglia, il nostro vizio o la nostra virtù.
Dio è il governo.
Dio è la corporation.
Dio è la prostituta con cui facciamo sesso.
Dio è il registro dei nostri peccati
e la redenzione che usiamo per dimenticare il rimorso

Dio è la fantasia della salvezza.

In questa credenza,
questo ripiego celeste di ciò che ne facciamo,
essere dello spirito, anche con una mente curiosa,
lodare una figura astratta
è tanto logico quanto
lodare una matita.

Eppure, quando ci viene chiesto di scrivere il nostro peccato,
non raccontiamo alcuna storia.
Come? Come possiamo vivere senza cicatrici?
Quale bellezza nasce dalle incisioni sulla nostra pelle?

Non fu forse anche Gesù a dirlo?
Perfino l'intento di un mito si perde
nella circolazione dei seguaci.

E lo vediamo di generazione in generazione.
Il branco continua a belare,
una tempesta crescente di tregua,
che nasconde il momento appena gli si presenta l'occasione.

Quanto è da santi vivere nella paura stessa della vita—
l'opportunità di una vita intera,
tutta in preparazione della fine.

Ma la fine non è qui.
La fine non è vicina.
La fine è un pensiero lontano—
una rielaborazione girata e rigirata
dello zelo elettrico
che permane nelle vene dei vivi.

Non qualche complotto gigantesco come l'uomo delle nevi.
Siamo più di questa priorità per la sicurezza.
Siamo pericolosi.
Siamo audaci.
Siamo irrequieti—
non per il Cielo, ma per la Terra,
il terreno sotto di noi,
il coraggio di uscire fuori a tutti i costi
e sentire il sole sulla pelle
come se fosse l'ultima pietra
del lago più grande che tu abbia mai visto.

E restiamo seduti come una tartaruga in attesa di quel sole,
che ci cuocia, ci bruci,
che ci faccia ricordare:
la vita non è un purgatorio.

È fatta per tuonare, sfogarsi, trascinarci
nella paura, nella speranza, nell'esaltazione.

Allora... siamo pronti?
Spero di no.
Fanculo a quella merda sicura.

Un senso falso di reputazione
è diventato la nostra rovina.

Occhiali da sole sotto la pioggia

Gli operai della compagnia sedevano sui gradini,
davanti al chiosco di Jerry.

Gocce di diamanti della natura
schiacciate in piccole pozze
ai loro piedi.

Passai indossando gli occhiali da sole.
Meglio non incrociare sguardi,
se puoi evitarlo.

Uno di loro—
doveva essere alto almeno un metro e novanta.
Guardando il lato sinistro della sua camicia,
finii per chiamarlo *Newport*.

Non era il suo nome,
ma la tasca della camicia restava sempre aperta,
e un pacchetto di *Newport*
premeva il tessuto contro il petto.

Mi chiedo se abbia mai pensato al mio nome.
Sul mio cartellino c'era scritto *Joseph Lee*.
Probabilmente non l'ha mai guardato.
Chissà se gliene importava davvero.

Fede da sbornia

C'è tristezza nel bere nei bar.
Nasce dalla stanchezza.
Nasce dal sentirsi ordinari.
Nasce perché non resta altro da fare.

Odiamo sapere quanto potremmo dare,
quanto desideriamo contribuire.
Ma quella possibilità scivola via,
morendo insieme a un peso che si spegne.

Così la miseria rimane.
Il tappo della bottiglia diventa il suo fondo.
Beviamo per dimenticare.
Beviamo per ricordare.

Domani sarà il postumi dell'alcol a distrarci —
poi soltanto nebbia.
Una mente lucida è piena di pensieri pericolosi —
chi vuole fare i conti con la delusione?

Torniamo al bar — il nostro rifugio,
una tregua dalle false virtù promesse a chi lavora duro.
Nessun americano sa mai davvero se ce l'ha fatta.
Ma una piccola parte di noi continua a crederci.

E se ci riuscirò,
non metterò mai più piede in questo bar.

Caccia all'eroina

Il cervello è un'autostrada sinaptica,
costruita per risolvere problemi,
i suoi circuiti bruciano più veloci
del primo colpo d'eroina.

Registriamo.
Restiamo fermi.
Guardiamo oltre la risposta.
Esitiamo.
Ripetiamo, come in preghiera:

"Non l'ho ancora capito."
"Non l'ho ancora capito."
"Non l'ho ancora capito."

Capire cosa?
È già stato risolto.
Non c'è niente da capire,
solo ciò che rifiuti di affrontare:
i tuoi difetti,
i tuoi compiti,
il tuo ego.

Lo sai.
Mantieni la distanza
dalla corteccia centrale della possibilità,
dall'essere
che vuoi davvero diventare.

La paura non è nell'ostacolo.
Vive dentro di te.
È l'ostacolo
su cui inciampi apposta,
in segreto,
schiavo della persona
che continui a essere,
la persona che rifiuti,
e che mai—sarai.

Rimaniamo sempre in piedi
faccia a faccia con la nostra stessa insignificanza.
Grattando la superficie
di una reputazione inventata
che sosteniamo di aver capito,
anche se la detestiamo.

Sei ancora ostinato a volerla capire?
Non hai bisogno di capirla, cazzo.

Fai semplicemente il lavoro.
Fallo con vendetta.
Fallo con follia.
Fallo perché, se non lo fai,
finirai a inseguire l'ipocrisia.

SII AUTENTICO.
Sii chi sei.
Perché sono quelli coloro
che smettono di rimuginare
sulla finzione del continuo cercare di capire.

La sequenza del niente.
Niente di fatto.
Niente di progredito.
Niente se non il nulla della possibilità.

Fare marcia indietro sul potenziale,
rimanere su di giri,
invece di togliersi l'ago.

E quello diventa l'ossessione,
l'indagine alla Blue's Clues.
Rodere la risposta,
fissare la domanda.

Come una droga da cui non riesci a staccarti,
lasciata da parte per un po',
che ritorna quando lo sballo svanisce,
la siringa della sanità mentale che ti perfora di nuovo.

Dannazione—fatti un'altra dose.
Prova a capirlo.

C'è un confine sottile tra
"Troppo vecchio" e "troppo giovane."
Cammina su quel confine ogni volta che ti conviene.

Cocktail d'asfalto

New York non è fatta per gli stabili.
Sporca e cruda.Tumultuosa, irrazionale.
Arrampicatori e tradizionalisti
che si mescolano
sul bordo di un bicchiere da cocktail.

La marea cambia ogni secondo.
Le vette più alte.
Gli abissi più profondi.
Una coscienza intossicata
mandata giù insieme all'ossessione.

Sono stato morto.
Sono stato vivo.
Sono rimasto in piedi in cima ai palazzi
solo per cadere a faccia avanti
sull'asfalto.

Le strade ronzano
mentre il diavolo sussurra il dubbio.
Eppure, c'è resilienza—
la convinzione che possa,
che debba,
che per forza andrà bene.

Per sempre la città degli individui.
Brillanti come lanterne,
irradiamo luce.

Più resti,
più bruci.

Qualcosa di bello

Non so se lo farò mai.
Chi può dire se qualcosa di ciò che creiamo
riuscirà mai a catturare l'attenzione di un pubblico.

È lì che entrano in gioco
i pensieri,
il dubbio,
La rinuncia.

Desiderando un modo per lasciare un'impronta,
sforzandosi troppo di essere significativi.
Conta davvero qualcosa?
Qualcuno rifletterà
su ciò che hai creato
tra cent'anni?

Sembra che in tanti ci provino.
Ci sforziamo così tanto di creare.
Vogliamo togliere il fiato a qualcuno.
Se solo potessimo far sì che tutti
si fermassero a pensare, anche solo per un momento.

Forse potremmo influenzare gli altri
in un modo che non avremmo mai creduto possibile.
Forse contribuiamo a qualcosa
che finisce per cambiare noi stessi.

Rimani desideroso e inquieto,
confuso e sorpreso.
Potresti scoprire
la tua briciola d'invincibilità.

Prendere fuoco accade solo
a chi è disposto a bruciare.
E non sono forse splendide, le fiamme?

Sono così, così belle—
fino a quando non bruciano, dissolvendosi nel nulla.
Ceneri grigie adagiate in cumuli
di vecchi riconoscimenti.

Qualcosa di bello attende.
Sarai tu
a crearlo?

Un po' di malizia non ha mai fatto male a nessuno.

Sassolini

La tua vita non è la mia.
E ci saranno momenti
in cui confronterò il valore della mia
con la tua.

E tu farai lo stesso
con qualcun altro.

Per questo, ti chiedo scusa.
Né tu né io
creiamo gerarchie di proposito,
eppure succede.

Paragonare è un'abitudine.
L'invidia — un frutto sterile.

Ciò di cui abbiamo bisogno
è trovare valore.
Mi dispiace.
La tua vita è la tua vita.
E, come la mia,
ha importanza.

Quando sei in preda all'impeto,
lascia che ti strappi le viscere.

Camminando al buio

Se solo i suoi occhi
avessero visto
quanto contava,
avremmo corso per sempre.

Il manifesto dei ciarlatani

Le persone annoiate
trovano un senso malizioso
in ciò che altrimenti sarebbe
innocuo, giocoso, innocente.

Accendono il fuoco,
inspirano cattive intenzioni,
i lombi anneriti
da superficiali proclami sociali.

Si tuffano in ciò
che non è mai stato chiesto,
mai richiesto,
mai voluto.

"Ho guardato."
"Ho visto."
"So."
Mormorii stanchi —
divagazioni travestite da contributo.
La prova di aver capito
ciò che non aveva bisogno d'essere sezionato.

Tutto per avere una risposta pronta
a "che hai fatto questo weekend?",
sussurrata attorno
al distributore d'acqua in ufficio.

I pensieri
non devono per forza appartenere
al momento.
Possono essere custoditi,
tenuti per te,
per i tuoi scopi.

Il processo è lento,
ma la ricompensa è grande.
Sii uno dei pochi
che sceglie la lentezza.

La fretta genera
stupidaggini nella loro mente.
Schegge di stordimento —
un passatempo per
gli inetti,
gli svogliati,
e gli stupidi.

Falsità spacciate per convinzioni.
Le dichiarazioni crollano a vuoto.
Il rimpianto trapela da un sorriso forzato.

"Mi sento orgoglioso della mia posizione,"
anche se l'hanno
appena inventata.

Uno sfogo arbitrario.
Obbedienza all'esistere.

Ostentano una qualità presa in prestito—
impuri, privi di merito.
Colpo dopo colpo,
si legittimano a vicenda,
giro dopo giro.

Per alcuni, le loro voci seducono.
Per altri, stridono come maiali.
Entrambi i lati ridotti a rumore.

Indignazione selettiva.
Coinvolgimento selettivo.
Contributi messi a spunta.
Era davvero un contributo?
Amano il conflitto condito di rilevanza,
la profondità smorzata da una fabbricazione rapida.

Tutta questa performance censurata.
E se scivolano?
Potrebbero dire qualcosa di vero.
Allora vengono colti.

"Non ho parole."
Quelle sono parole.
E non sono verità.
Trova qualcosa,
qualunque dannata cosa,
purché non sia girare intorno al pettegolezzo
come avvoltoi su una causa
politica,
sociale,
o economica.

Non stai portando avanti nulla
a meno che tu non stia sudando
in un tribunale,
in un consiglio comunale,
o dentro l'ufficio di un'associazione.

Una marcia non conta.
Una conversazione a cena non conta.
L'angoscia a pranzo non conta.

Nulla è così accademico come fingono.
La maggior parte delle cose è fuffa.
Solo l'arte ci rende gentili.

Il tuo problema
è che continui a pensare,
sempre a girare
quelle trecce nella tua mente.
Ignora il rumore.

Devi guadagnartelo.
Ignora le lusinghe servili.
Ti ruba la vita,
divora il tuo tempo,
rodendo la ferita della follia.

La maggior parte vive in un complesso di pietà.
Sopravvivendo al capriccio degli altri.
Intrappolati nel mezzo.

Perché preoccuparsi di quegli idioti.
La verità non l'hanno mai voluta.
Troppa pressione
per essere qualsiasi cosa
tranne che ordinari.

Quindi ignoralo.

Il tuo momento per creare è adesso,
prima che la fuffa prosciughi il tuo slancio,
prima che la banalità ci torturi tutti.

Quali dolci flussi desideriamo

La pace parziale della vita
cerca sempre un flusso gentile,
mentre ci affanniamo a trovare qualcosa
di meno ingombro, meno caustico, meno forzato.

Ma così tanta parte della vita ci è imposta.
Forziamo ciò che possiamo credere vero:
l'amico che non è sempre un amico,
la riunione della domenica che giuriamo sia importante,
l'amante pessimo a letto,
ma di sicuro meglio che stare soli.

Sono queste le finzioni che proclamiamo necessarie.
Senza di esse, impazziremmo.
E quando il tradimento ringhia,
come un drago che fuma nel petto,
non sputiamo fuoco—
ma nebbia.

Cosa ci trattiene?
Cosa ci fa restare al sicuro?
Cosa ha ucciso la vitalità della nostra anima?

La vita malconcia—
quella che finiamo tutti per conoscere.
Non pianificata,
ma consegnata nel modo giusto,
una ricompensa per aver fatto
ciò che credevamo fosse giusto.

Com'è buffo quando la convenzione è errata.
Il grigiore dell'ufficio non avrebbe mai dovuto ingannarci.
Eppure l'ha fatto,
come ha sempre fatto.

"Come diavolo potevamo saperlo?"

Come se fosse uno scherzo.
Come se non l'avessimo mai visto.
I dolori della nostra vita,
chiari come una vista a 10 decimi.

Offuschiamo lo sguardo,
forziamo la sorte,
sperando di vincere contro il banco.

Quel castello di carte è la vita.
Basta una carta mancante
per strapparci le viscere—
splat, sul tavolo,
il sangue che si secca prima ancora di formare una pozza.

E restiamo a fissare, confusi,
come sciocchi burattini,
gli stessi idioti che deridiamo con
"avrebbe dovuto saperlo."

Ma quando tocca a noi —
giochiamo come pupazzi da calzino,
senza appoggio,
solo una mano che ci scuote il collo,
spezzato come rami in un cimitero.

E allora cediamo,
senza ritegno.

Ora ci rido sopra.
Una volta pensavo che non sarebbe successo a me
"Impossibile.
Io non sbaglio."

Ma per quanto tu possa pianificare,
il ramo si spezza,
cede sotto il frullo dei pipistrelli sopra la testa.
Neanche il drago sopravvive a uno sciame.

Ed è per questo che,
quando arriva un flusso gentile,
non rischiare di tuffarti.

Annegherai,
ancora convinto di avere ragione
sulla corrente che ti trascina giù.

Salsa di ciliegie e insetti

Puoi dimenticare l'amore.

Puoi dimenticare l'amore.
Come un insetto che si insinua in profondità,
penetra nel tuo nucleo.
Non importa quanto resisti,
agli insetti non importa nulla.

Il cuore non può proteggersi
dal farsi toccare.

L'amore sanguina—
un secchio di salsa di ciliegie
che trabocca dai bordi.
Lei è un desiderio
troppo forte per non assaporarlo.

Che bell'errore.

La debolezza nasce dall'amore.
Le lacrime bruciano le guance.
Difetti esposti,
fibre di vulnerabilità percepite.

Ci si fida che l'amore non ti rovinerà—
ma cosa c'è di male nell'essere rovinati?

E poi c'è la paura.
Sopportare la paura.
La scommessa che vale la pena fare.
Il più grande azzardo.

Allora piazzala.
È saggio non vivere
nella certezza.

Una trama fondata sull'inganno finisce nel vuoto.
La ricerca autentica non macina piani —
semplicemente avanza.

Tranne Mick Jagger

La giovinezza attira rilevanza.
Menti fresche,
fattori di fascino
esibiti come trofei.

La paura dell'età non riguarda la salute;
è qualcosa di più emotivo.

La presa che sfugge della gioventù
non è solo artrite —
è la consapevolezza
che il passato non può essere ripetuto.

Eppure, ci provi.
Parli di quel che eri—
di come tornerai a esserlo.

Ma la saggezza supera la rilevanza.
La rilevanza è effimera.
A un certo punto diventiamo tutti stantii.

Tranne Mick Jagger
e pochi altri.

Quindi non preoccuparti.
Non rimuginare.
Non lasciare che l'irrilevanza
finga d'essere rilevante.

Nazione contro sé stessa

Un Paese—
una nazione in cui il sostegno, la cura
e il senso di comunità
sono stati messi da parte.

Addestrata a catturare i successi altrui,
a distogliere l'attenzione
da chi ha ancora qualcosa in cui credere.

Una nazione triste,
resa fragile dal dubbio,
in cerca di un'identità,
che si vergogna delle proprie radici,
infastidita dalla propria dissonanza,
e invidiosa — sempre invidiosa.

Ferita dall'insicurezza,
impotente senza forza,
spaventata dal futuro.

La nostra nazione,
contro sé stessa.

Fiammifero al buio

Il primo bacio
è quello che non si trattiene.
Veloce.
Tagliente.
Scosso—
come un fiammifero nel buio.

Non c'è tempo per appesantirlo
con ricordi
o promesse.
Solo calore nel presente,
che brucia prima che la città inghiotta.

Eppure ci azzardiamo—
abbastanza coraggiosi da entrare
nelle ceneri del qui e ora,
dove qualunque cosa desideriamo ci divora.

21:48, mercoledì.
Attraversiamo il ponte.
Brooklyn splende nel vetro.
La pioggia cade.
I taxi sibilano.
Dolce come la notte.

I suoi capelli umidi di pioggia.
Le sue labbra bagnate.
I suoi occhi lacrimanti.

Non trattiene nulla,
offre tutto.

Ci sarà un altro—
c'è sempre.

Tramonti sullo stato di Gantry

La mia mente si calma
quando il giorno perde la sua corsa,
quando le crepe dello skyline di New York
irradiano sul fiume tremante.
Rabbrividisco mentre il riflesso arancione
si stende lungo le passerelle del Gantry State Park.

Mani che afferrano guinzagli,
altre che si intrecciano tra loro.
Stelle solitarie sfiorano gli schermi dei telefoni,
in attesa,
incerte,

Dovrei chiamarlo?

Penso a lei, allora.
Non mi manca più come una volta.
I momenti trascorsi insieme al parco sono svaniti da tempo,
ma i lampioni del molo proiettano ombre
che mi riportano a un passato inquieto.

Il pontile guarda
verso ciò che un tempo era la nostra città.
Mi colpisce.
Mi fa desiderare di noi, ancora una volta.
Non per sempre—
solo quanto basta per ricordare quanto fosse bello.

Sì, per ricordare.

Non me l'ero concesso—fino ad ora.

Esplodere

Il cuore ha rallentato.
I cittadini camminano.
Uno stato in cui la corsa si è fermata.

I confini sembrano insormontabili,
più importanti della brama di sfidare le probabilità.
I numeri non mentono.
Ma davvero?
Dipende.

Le folle si muovono,
unite da una vicinanza
che non conosce le insicurezze della solitudine.
I viaggi non accadono senza una spina dorsale,
semplicemente, senza il bisogno di un amico.

Ma come può qualcuno raggiungere
il proprio più autentico potenziale
se non è solo,
se non ha la possibilità
di trovarlo,
di renderlo reale?

C'è solo un'occasione.
E per quanto chiunque — o io stesso — possa farcela,
il ritmo resta costante.
La vita va avanti,
sicura come il pane
che si alza dal tostapane ogni mattina.

Ti sfido.
Mi sfido.
Dimentica il pane tostato.
Trovalo.
Qualcosa, qualsiasi cosa.
Inseguila.

Non per notorietà.
Ma perché ne abbiamo bisogno,
per sapere di averlo trovato.
Questo era ciò che l'America era, un tempo.

Guardo i miei coetanei
e non vedo me stesso.
Solo.
Diverso.
A disagio con l'accettazione.

E quando sento il mio cuore,
batte più forte,
mi duole nel petto,
quasi esplode.
È incredibile
quanto vicino alla fine mi senta
quando ci penso.

E nonostante tutta la mia malinconia,
anche in questi momenti estremi,
ricordo che è il mio cuore.
E lo sfido,
lo sfido a esplodere.

Lei preferiva le curve

Era testarda e ostinata.
Ed è proprio questo che amavo di lei.
Era vita.
Mi faceva sentire vivo.

Non la vedo da molti anni.
Vorrei averla incontrata così come sono ora.
La vita comincia come una strada tortuosa, piena d'incertezze.
C'è una possibilità,
ma si nasconde dietro ostacoli e curve taglienti
che la giovinezza ti lancia contro.

C'è una speranza di scoperta.
Navigare diventa una dipendenza,
una droga.
Ma troppo presto,
la strada diventa prevedibile.
La saggezza ha quello strano modo
di rendere tutto ordinario.

Credevo di volere la comodità, dopo un po'.
Ed è lì che lei e io abbiamo smesso di capirci.

Lei preferiva le curve.
Quella strana paura dell'instabilità le andava bene.
Ricordo l'orrore
del primo inverno in cui ci siamo conosciuti.
Anche quando scivolava verso la routine,
sapevo che era solo temporaneo.
L'estate ci riportava sempre all'inizio.

Quei quattro mesi,
selvaggiamente diversi.
Mi mancano le mie estati con lei.
Supererò tutto questo.
Un attimo di nostalgia,
niente più.
La mia testa lo sa.

Dannazione.
Non mi piace pensare così.
La mia testa?
Lo scopo della vita non dovrebbe essere la prudenza.

Dovremmo correre come pazzi,
urlando dai tetti.
Voglio guardare qualcuno negli occhi
e divorare le sue inibizioni.
Lasciare che i nostri cuori battano così forte
che l'unico modo per sopravvivere sia ridere.
E rideremo,
come altro potremmo liberarci dalla pressione?

Lei rideva sempre.
Mi chiedo se lo faccia ancora.
Spero che non abbia smesso.
Spero di avere il coraggio
di ritrovare la vita.

Non puoi temere la tua stessa competenza.
Lascia che sia la concorrenza a farlo.

Mai ferma

C'è un fervore stanotte.
Il vento e io crediamo nella corsa.
Corro insieme al torrente che s'innalza
e mi ritrovo
intrecciato alla sua forza selvaggia.

Grande.
Audace.
Coraggioso.

Oso fuggire
mentre l'aria svanisce—
sparita, ma mai ferma.

Le luci della mia città

Le strade erano lucide
come la glassa sui bastoncini di cioccolato.

Sogni luminosi nelle finestre,
vetrine,
saloni di bellezza,
e fermate dell'autobus.

Clienti solitari
siedono dietro vetri appannati.
La notte evapora
senza desiderio.

La città dorme
un sonno invernale.
Più silenziosa
in questo periodo dell'anno.

Una volta era tutto rumore.
Tutto nuovo.

Ora è routine.
Ecco il mio posto cinese.
Dovrei fare il bucato.
Le luci non mi entusiasmano;
non mi guidano.

Le luci della mia città
mi ricordano solo che c'è vita—
che ne faccio parte.

I mesi passano più in fretta,
scivolando inosservati,
scorrendo attraverso i fili—
mondanità elettrificata.

E ora lo vedo:
piccoli momenti
si trasformano in piccoli pensieri,
in piccoli cambiamenti.

E i piccoli cambiamenti
sono tutto ciò che abbiamo.

Cancellami.
Così posso morire in pace.

Ammassati come carne

Almeno un centinaio stipati dentro.
9:18 del mattino.
La metropolitana piena,
l'aria densa di sudore e sonno.

Auricolari che penzolano.
Facce spente si risvegliano di colpo
alle loro fermate per il lavoro.

Un uomo legge la Bibbia.
Un altro, un tascabile.
Nessuno sorride.
La tristezza mattutina soffoca il vagone.

Tutti pensano,
probabilmente la stessa cosa:
quanto in fretta possiamo superare la giornata?

Io?
Preferirei essere a casa.

Il silenzio è brutale.
Arriveremo?
Dove finiamo mai, tutti noi?

Oggi è un altro piccolo passo.
Da qui,
la strada è troppo lontana.

Soluzioni risolutive

Dimentico,
o almeno ci provo.
Le ragioni che si accumulano.
I flashback mi spezzano il collo,
rovinato da scene amare.

Ma cosa c'è di così sbagliato
nell'imprevedibilità?

La praticità
è come giocare a tennis contro un muro.
Nessuno vuole davvero giocare da solo,
anche se il servizio fa schifo.

Com'è facile
rendere i problemi più difficili.
Contagiosi,
soffocano.
Ti uccidono, se glielo permetti.

Ed io l'ho fatto.

Muore una parte di me quando penso
ai momenti che non posso ricreare.
Non potranno mai più accadere—
o forse sì?
Tutto ciò che devo fare è fare una chiamata.
Non lo faccio—
non so se posso.
Una soluzione che non ha bisogno di essere risolutiva,
ma ci penso lo stesso.

Lei e io siamo sempre stati
più complicati delle risposte.
Il nostro mistero era più affascinante.
A volte le persone si descrivono meglio
con le domande.

Una soluzione
sarebbe troppo facile da trovare.

E amo i difetti.
Forse doveva essere così,
imperfetto.

Forse le soluzioni risolutive
non sono mai state così difficili
come ce le siamo fatti sembrare.

Tutta la dolcezza brucia

La maggior parte delle persone
desidera che accada loro
qualcosa di sconvolgente.

Ma quando succede—
scappano.

Io, invece,
sono noto perchè riesco
a tuffarmi tra le fiamme.
Non so perché.
Forse alcuni di noi amano essere bruciati.

Ti senti vivo per un momento,
finché le braci di ieri
non si raffreddano nell'ordinario.

Che noia, vivere al sicuro—
senza macchia, senza tocco, senza vita.
Perfino il desiderio d'amore
può essere una condanna a morte.
Il cuore spezzato è un dono.
Scappiamo
proprio quando
dovrebbe distruggerci.

La paura della paura stessa
è una piccola morte—
una circostanza priva di senso
a cui fingiamo di dare un significato.
È la stessa avversione
che ci tiene lontani dalla fiamma.

Lascia andare.
Siamo tutti uguali.
Perché se non lo fai,
non conoscerai mai
la dolcezza
della bruciatura della vita.

Le distrazioni sostituiscono la creatività.
Le distrazioni uccidono la profondità.

La giovinezza è un siero mortale.
Le droghe fanno solo da rivelatore.
La sopravvivenza è l'unico antidoto.

L'elastico

Penso troppo avanti,
e quando ritorno
sono arrabbiato.

La mia mente è un elastico—
a volte si allarga per curiosità,
altre per aspettativa.

Uno strattone dopo
aver visto un film,
rispettato una scadenza,
fatto un viaggio,
intravisto le gambe di una donna in metropolitana—
qualunque cosa tiri le fibre un po' di più.

A volte mi sveglio con mal di testa,
l'elastico tirato troppo,
teso, quasi sul punto di spezzarsi.

Ma può sempre essere tirato ancora,
ed è questo il mio crimine contro me stesso—
pensare che non abbia limiti.

Eppure li ha.
Quando si secca,
fragile lungo la linea,
si spezza.

Ma ho fatto troppa strada
per sprecarla nel rimpianto.

Dopotutto, gli elastici costano un soldo la dozzina.

Giù per la gola

L'arte non serve più
a scoprire un'emozione—
ora è prodotta
per adattarsi ai numeri.

Fatta a buon mercato.
Fatta facile.
Imbellettata dal marketing.
E va giù per la gola.

Siamo condizionati
a chiamarla organica,
a giurare che sia vera—
un amalgama di tendenze.

Moda, mode,
facce in prestito—
artisti che nemmeno
creano la propria arte.

La frode applaude la frode.

Inevitabilmente, tutti passano il loro futuro
cercando di ricreare il passato.

Belle persone nei giorni di pioggia

Le gocce di pioggia camminano in punta di piedi accanto a me.
Piccole lacrime scivolano nei tombini,
piscine temporanee per topi.

Stivali—
Verdi,
gialli,
a pois.

Una schiena curva abbraccia
uno scudo di poliestere.
Eccolo, Al.
La sua pancia si piega
sopra l'elastico dei pantaloni da tuta.
La sua maglietta non ha alcuna chance.
Fuma, dà un'ultima tirata,
e la getta nel mio campo visivo.

Guardo il braciere soffocare.
Lo libero dalla sua agonia.
Mozziconi schiacciati mi circondano.
Sherry li spazzerà via domenica,
è il giorno della spazzatura.

La recinzione metallica
fuori dall'appartamento 47
mi restituisce uno sguardo.
Passo le dita sulle cime,
fredde, bagnate.
Stranamente confortanti.

Finché non passa.
Guardo in fondo a 34th Street.
Gusci di tartaruga rimbalzano—
neri e blu,
sferici.

La pioggia, in fondo, non è neppure così cattiva.
Gli ombrelli sono accessori,
come orologi, borse, anelli.
Le strade mi ricordano—
che l'inadeguatezza è sopravvivenza.

Ripenso ad Al.
Forse lui ha capito tutto.
Lascia che la pancia penda.
Nessuna copertura necessaria.
Perfettamente a posto
a passare il tempo,
guardando le gocce,
guardando il fumo,
guardando la sua vita ordinaria
scorrere via.

La statura delle statue

Tutte le persone che incontri,
finché non le superi
in ogni modo in cui pensavano
che saresti rimasto lo stesso.

Quando l'amico diventa nemico,
quando le cortesie nascondono correnti sotterranee,
quando la civiltà levigata
diventa taglio ruvido.

È sempre così.

Predicano il potenziale,
ma sfugge loro la prova.

I creativi,
i realizzatori,
quelli che lodiamo da lontano.
Finché non diventiamo loro.

Allora siamo emarginati—
per avere ragione,
per essere audaci,
per essere belli.

Mentre i brutti e gli ordinari
si radunano per tirarci giù
mentre noi cerchiamo di sollevarci.

La sola statura—
un simbolo di resilienza.
Ma anche le statue vengono abbattute
quando abbastanza persone dicono di vedere un mostro.

Quel segreto che tutti custodiamo.
Ma a che serve il male
se lo teniamo dentro?

Come si traveste l'eroe?
Non vive forse anche lui
con il diavolo dentro?

Portiamo la paura nei volti,
per fare la cosa giusta,
anche se l'obbedienza ci uccide.
E lo farà.
L'ha sempre fatto.

Ma annuiamo d'accordo,
fino all'ultimo giuramento di fedeltà,
al deserto dei nostri dolori.

E poi piangiamo.

Perché, se solo potessimo essere il cattivo,
almeno saremmo
uno fra le statue.

Essere compresa, non da risolvere

Le donne si lamentano
perché vogliono essere riconosciute.

La loro lotta quotidiana,
una routine nata dal dilemma mattutino,
una richiesta capovolta di riconoscimento.

Aspettando la frase:
"Fai taaanto."
"Povera donna."

Noi stupidi uomini
offriamo una soluzione.
Lei dice,
"Non capisci."

Non vuole la soluzione.
Vuole l'elogio per la sua fatica—
indipendentemente dal fatto che la accresca o meno.
Stesso discorso domani.
Stesso il giorno dopo.

Vuole solo il merito,
non la soluzione.
Perché la soluzione suona come:
"Beh, avresti dovuto saperlo meglio, stupida."

Le donne sono fragili.
Vogliono essere apprezzate—
ancora di più
dai loro peggiori nemici.

Nel profondo ha paura,
un po' fifona,
di fare qualsiasi altra cosa.
Si immerge nel problema del giorno,
come un bruco nel suo bozzolo.

Da qui la ricerca
dei rompicapi quotidiani
che definiscono la sua fatica:

"Uff, ho qualcosa da affrontare—
così nessuno può dire che non contribuisco."

Ma anche lei sa
che ciò in cui è immersa
vale ben poco.
Ma è suo,
lo difende come fosse tutto.

Ammettere il contrario
significherebbe ammettere di essere
stupida,
debole,
Inutile.

Le donne non sono inutili.
Spesso più forti degli uomini.
Molti uomini, per la precisione.
Ma amano sgranocchiare problemi.

Come se l'ansia la rendesse saggia.
Ma non c'è nulla di acuto nel girare a vuoto.
Solo masticare ciò che non c'è,
esaltandosi per il gusto di farlo.
Non è profondità.
È follia.

Questa è la differenza tra i sessi.

Le donne vogliono il conflitto
che si risolve facilmente.
Gli uomini vogliono il conflitto
che crea grande arte.

Le donne non lo vedono come gli uomini.
Se chieste se potrebbero,
indietreggiano con coraggio:
"Sì, potrei farlo...
ma solo se questo o quello fosse predisposto per me.
O se avessi questo o quello...
ma non ce l'ho.
Non è colpa mia."

Il pazzo non lo capiranno mai.
Io ho spiegato tutto ora.
Trattala così.
E fai sesso.
Dio, come il sesso risolve i problemi.

Ancora non capisci?!
Ti metterà alla prova:
"Sei così fortunato che tu non debba affrontare questo."
Questa è la sua bravura.

Vuole che tu ammetta
che ciò che fa è più difficile,
che ha più valore.
Vederla soffrire
significa soffrire con lei.

Vuole un momento reciproco di fatica.
Essere compresa, non da risolvere.

Quindi unisciti alla sua pena.
Offri il riconoscimento,
tieni la soluzione.
Non deve avere senso.
Non l'ha mai avuto.

Questo è il conflitto a cui si aggrappa.
Questa è la lotta di cui sopravvive.

Fare tutto nel modo giusto
non significa che ti sia dovuto un bel niente.

Eppure, il cuore ha una possibilità

Intrappolato nella follia della perdita.
La mia mente si svuota,
e sembra l'unica forma di ragione.

Il desiderio profondo,
la natura inattesa di ciò che di lei rimane—
oscura, più scura di un cielo viola.
Eppure, sembra non esserci nulla.

Com'è confusa la mente
quando regnano le emozioni.
Strana e deviata,
il cuore protetto è un pessimista.

Solo quando la paura della possibilità colpisce
ci fermiamo per amore.
La rarità di una cosa simile fa paura,
ma pensare che non esista è peggio.
La senti quando non sei pronto—
imperfezione e grazia mescolate,
come un'auto che sfreccia accanto.

Abbagliato da un faro,
il cuore ricorda di dover rischiare.

L'amore è qualcosa in cui crediamo ciecamente.
Quando i pezzi combaciano,
si uniscono con naturalezza,
sorrisi perfetti fissati al loro posto.
Il tempo si ferma.

Ma la mente è calcolatrice—
complessa, ostile.
Una goccia di dubbio rimbalza avanti e indietro.
Con grande velocità prende il sopravvento.
Non più preso dall'amore.

Eppure, il cuore ha ancora una possibilità.

Non c'è nulla di più miserabile del domandarsi.
I momenti del passato tornano,
vecchi confini abbandonati all'improvviso.

L'errore dell'anno scorso diventa l'errore di ieri sera.

Sotto la pressione crescente,
l'unica scelta è stare soli.
Soli, quando potresti essere insieme.
La parte più difficile.
Stupida e tortuosa,
tutta per colpa dell'amore.

Ma le fini non erano fatte per noi.
Abbiamo l'adesso,
e ciò che sarà.

Mentre i nostri sentieri incrociati
si fondono in ricordi per sempre,
quando non posso fare a meno di essere rapito
dal modo in cui appari stanotte
e in ogni notte a venire.

E così aspetto.
Aspetto lei.
Lei è la mia unica.
Perché so—
che il mio cuore ha una possibilità.

Ogni generazione cerca la propria rilevanza,
eppure il significato si piega nel pregiudizio.

L'ignoranza offusca i loro occhi,
e l'antica grandezza scivola nel silenzio.

Gli spaventapasseri portano la corona

Tutta la storia è un romanzo,
un rocchetto filato d'individualità,
un maglione indossato per ogni stagione.

Se la comunità è così forte,
perché i re sono stati assassinati?
Commercializzazione, mercificazione—
la purezza dell'atmosfera
ricablata in profitto.

Esistono ancora angoli autentici?
Luoghi dove il cuore inganna il denaro,
dove i veri artisti siedono soli,
vivi e malconci,
ancora a combattere la loro battaglia.
O forse l'ultimo grande artista si è estinto?

Forse è l'opportunista a essere incoronato:
uno spaventapasseri pieno di paglia,
imbottito di slogan,
fabbricato per attirare l'attenzione,
in posa per i corvi,
ancora a far schifo.

Forse è la velocità della cultura la colpevole:
tutti a inseguire il momento presente,
l'obbedienza confezionata come necessità.

Io non lo so.
Sono troppo occupato con la mia arte.
New York mi tiene affilato e depresso,
un mix perfetto
di sudiciume e ispirazione.

Sono la mia stessa esperienza.

Ma forse sono troppo intelligente.
Ho studiato, letto troppo.
Vivo sapendo troppo.
Ho rovinato la vita—
così come la conosci tu.

Tensione

Un risultato
può anche
non rispondere alla domanda,
ma
almeno allevia la tensione.

Vena di dipendenza

Odio ciò che voglio,
ma devo nutrire ciò di cui ho bisogno.

Come carne venduta al minuto,
siamo legati allo stesso schema.
Rinunciamo a ciò che è sacro,
spendendo ciò che resta della nostra misericordia.

Questa resa ci riduce a nulla,
anche quando la chiamiamo giusta,
mentendo mentre marciamo dentro.

A pancia in su. Tagliati. Spezzati.
Una pozza di sangue ai nostri piedi.
Nuotiamo in quel mare rosso.
E diciamo che ne vale la pena.

Le vene tremano sotto i sussurri,
una vita segreta dietro un sorriso.

La sanità si sfilaccia,
una dose più vicina.
Non cedere.
Avvicinati.
Resta legato.
Non infrangere ciò che ti tiene in pugno.
Tanto non se ne va comunque.

L'astinenza è dura,
così continui a usarla—
anche se ti costa tutto,
anche se ti lascia insensibile.

Finché non svanisce.
Finché non si volta.
Finché non si placa.

Al sicuro e da solo

Ho passato l'intera giornata da solo.
C'erano feste a cui avrei potuto andare,
ma non volevo stare con nessuno.

Oggi mi sentivo ansioso—
più del solito.

Mi sono sdraiato sul letto
e ho fissato il soffitto.
Ho dovuto concentrarmi sul respiro,
il suo ritmo disturbato
dalla distrazione dei miei pensieri.

Ho pensato a me stesso.
Ho pensato a ciò che volevo realizzare.
Ho pensato al tempo sprecato,
ai soldi spesi stupidamente.
Ho pensato a mia sorella.
Ho pensato a mia madre.
Ho pensato alla mia ex ragazza.
Ho pensato a tutto questo troppo a lungo,
finché non mi sono sentito stanco
e a disagio.

Dev'essere stata
una delle prime belle giornate di primavera.
Lo capivo dalle persiane.
Mi sono sentito in colpa per aver voluto uscire,
in colpa per aver voluto vedere il tramonto.
Sentivo di non meritarlo.
Sentivo di aver buttato via la giornata.

La cosa peggiore di oggi
è che nessuno sapeva quanto fossi giù.
In altri giorni, quando mi sentivo così,
chiamavo un amico.
Leggevo un libro.
Ascoltavo musica e chiudevo gli occhi.
Facevo yoga.

Facevo qualsiasi cosa —
qualsiasi cosa per distogliere l'attenzione
dalla mia malinconia.

Ma oggi l'ho lasciata prendere il sopravvento.
Ho preso il telefono,
poi l'ho rimesso giù.
Non volevo disturbarli.

Non volevo rovinare la loro giornata.
Non volevo rovinare il loro tramonto.

Non sapevo come gestire la mia malinconia.
A volte succede.
È naturale sentirsi così.
A differenza della felicità,
la tristezza è sempre pronta e disponibile.

Così sono rimasto solo.
Era l'unico modo in cui mi sentivo al sicuro.

E a volte vorrei
non sentirmi così verso me stesso.
Come se l'ambizione venisse contro di me,
come se ogni successo fosse già vecchio.

So che se chiedessi ai miei amici,
direbbero che sono un tipo a posto.
Credo di esserlo, a volte.
Credo di esserlo stato pochi giorni fa.

Com'è frustrante—
il passato può sembrare così lontano da oggi.

Ma la mente è un organo misterioso.
A volte penso che la mia si fissi
sugli errori del passato.
Suppongo che chiunque possa dimenticare
la propria grandezza.
A volte è difficile ricordarsene.

So di non essere l'unico.
Ci sono altri che si sono svegliati oggi
e si sono sentiti allo stesso modo.
Altri si sentiranno così domani.
Non si può mai sapere
come andrà una giornata.

Dicono che domani sarà di nuovo sereno.
E accidenti, solo pensare a domani
rende già oggi un po' più sopportabile.

Tanto vale dormire su tutto ciò
dopo aver finito questa poesia.
Forse domani ci riuscirò meglio.

Mi sento ottimista.
E tu?

Il fumo lungo Christie Street

Avevamo appena lasciato il primo bar,
e io cominciavo a lasciarmi andare.
L'umidità d'agosto mi si appiccicava addosso—
sudore mescolato al gin,
al neon,
al rumore di un altro sabato.

L'attesa della notte cresceva.
Gli sconosciuti passavano come ombre,
i volti luminosi,
voci a metà che chiamavano il mio nome—
o forse no.

Le strade fumavano,
una nebbia nata dal catrame si alzava a ondate.
Ci entrai dentro,
senza curarmi di ciò che sarebbe accaduto,
senza paura di ciò che poteva,
con paura di ciò che forse non sarebbe successo.

Vetro sul legno.
Un altoparlante che geme.
Una mano sulla spalla.
Risate—troppo forti.
Un bacio, forse.
Un inciampo.
Il pavimento che si inclina.
La notte che si spezza
prima di poter atterrare.

Ero stanco come il peccato,
ma non chiesi perdono.
Mi concessi la salvezza
quando la memoria svanì nel nero.

E ancora camminavo,
trasportato dalla sfocatura,
dal calore,
dai sensi della città.

Lungo Christie Street,
dove il fumo si trasforma in paura.

Io, lo Scrittore

La società guarda a noi
per colmare un bisogno—
una figura che dia senso alle cose,
una voce al tempo stesso
contro e a favore
dell'ipocrisia stessa.
Essere la verità.

La rockstar è la rockstar.
Le sue follie—
perdonate,
perché lui è la persona
che vorremmo essere destinati a essere..

Suppongo.
Io sono lo scrittore.

E anche se mi disprezzo,
temo l'insignificanza,
e non riesco a frenare la mia ansia,
sono lo scrittore.

Scrivo per gli altri
perché loro non possono.
Dico ciò che loro vorrebbero,
ma non dicono.

Sento l'incertezza
di ogni parola che metto sulla pagina.
Sento il peso
di ogni reazione critica.

Ma lo faccio per le persone
nei luoghi solitari,
che hanno bisogno di qualcosa da leggere
per capire
cosa significhi tutto questo.

Che non sono sole.

Che i giorni buoni—
anche se pochi—
superano i giorni
di distorsione confusa,
di fallimento cupo,
e di momenti che non vale la pena ricordare.

Per questo,
io sono lo scrittore.

Per questo,
scrivo per te.

E forse,
scrivo per me stesso.

L'armadillo d'oro

Tu fai queste cose
affinché siano commerciali.

Che ti portino lode.
Che ti innalzino.
Che diventino il nucleo interiore di tutta
la corsa,
il sentimento,
l'eccitazione dell'essere.

Credo che la gente lo chiami scopo.
Ma non va mai così.
I soldi si accumulano.
I problemi prosciugano ogni centesimo.
L'invidia si diffonde come una peste.
Tutti vogliono qualcosa da te.
Nessuno vuole darti altro che
parole a buon mercato,
colpi bassi,
significati vuoti.

E tutto diventa un domicilio di addomesticamento,
pubblicizzato accanto a un cartello stradale
che ti chiede della tua devozione a Gesù.

Allora gli ingranaggi nella tua mente cominciano a girare:
Hai tenuto il passo?
Dovresti preoccuparti?
Quella preoccupazione ti spingerà a fare di più?
E *di più* è davvero meglio?

Non lo sarà.
Non lo è mai stato.
Non lo sarà mai.

Raramente veniamo ricordati,
eppure agiamo come se tutti fossero nostri spettatori,
in agguato, a guardarci,
come se dovessimo essere il loro modello.

Tutti si nutrono del pensiero
di essere notati,
anche se non lo sapranno mai.
Viviamo in un'illusione
di fama, prestigio e abbondanza.

Ma non siamo modelli.
Siamo troppo grassi,
troppo ingenui,
troppo sparsi.

Come può qualcuno lavorare sulla propria profondità
quando non rientra
nel buffet di antipasti superficiali?

La seppelliamo sotto la falsa rappresentazione di cose,
Oggetti,
Persone,
impressioni,
e tutta la borsa piena di stronzate della società.

Una nazione di espedienti e critici.
Tutto incorniciato come progresso,
ma alla fine è solo una tendenza.

Eppure dobbiamo mangiare.
E quando mangiamo, vogliamo mangiare meglio.
E quando migliora,
vogliamo ciò che è perfetto.

Ed è allora che iniziamo a trasformarci.
In qualcosa di corazzato.
Indurito.
Conservato dal dolore.

È allora che diventiamo l'armadillo d'oro.

Ma l'illuminazione non è mai venuta
da qualcosa di non scritto,
non prodotto,
non dipinto.

Le sfere digitali hanno preso il sopravvento.
Le conseguenze di
suono,
luce,
visualizzazioni—
si mescolano alla trappola sempre effervescente del
marketing,
posizionamento,
intrappolamento.

Tristemente,
il ragazzo onesto aspetta di vedere con chiarezza,
ma la tela non è mai stata bianca.

È sempre stata scritta in anticipo:
come doveva essere.
Come dev'essere.
Come può solo essere.

E la sicurezza appare,
non come salvezza,
ma come sopravvivenza.

La sua schiena è dura.
Il suo corpo nascosto.
Il suo sorriso forzato.

La sua compagna.
Il suo bambino.
Stringono quel sorriso con denti seghettati,
una performance di dolore
ingannata dal mostro performativo della mediocrità.

Essere nella corsa
con i concorrenti della porta accanto,
in fondo alla strada,
dall'altra parte dello stato,
nel paese,
nel mondo.

Tutti quelli che in realtà non incontrano mai.

Mentre sputiamo in faccia
a chi davvero si avvicina a toccarci.
Al loro posto, celebriamo la rabbia.
Duri perché hanno lasciato che il mondo lo facesse a loro
prima che potessero farlo al mondo.

E allora accarezziamo il nostro guscio dorato.
Riempiamo le giornate di conversazioni caotiche
su feste che altri hanno o non hanno fatto—
ma mai su ciò che dovrebbero fare.

I cimeli del nostro bla, bla, bla
non vengono dal suono della nostra furia.

No.

Vengono dalle scelte superficiali
di ciò che emuliamo, imitiamo,
e ostentiamo come nostra originalità.

Con severa sincerità,
il fegato della nostra vita dimentica di filtrare le sciocchezze.
Il cinghiale rimugina su un rimpianto che vanta
come se fosse accaduto davvero.
E noi grugniamo quando ce lo ordinano.
Strilliamo senza originalità.

Potrei.
Forse.
Se solo... grugn.

Frasi che punteggiano il nostro essere incessante,
schivando ogni minima goccia d'originalità
che avrebbe potuto fiorire.

Desideriamo essere appesi ad asciugare
come il macellaio che offre il dono della morte
al diavolo nel maiale.

Eppure, con questi pensieri,
deliriamo ai margini,
spingendoci verso il flusso principale.

Pensando di dover piacere.

Ma la reputazione è un serpente che osserviamo,
e il genio della nostra anima
ha sempre concesso un solo desiderio: Validazione.

"Io conto, sai."

Ci gettiamo sulla previsione
di poter essere di più.

Di più per chi?

Chi lo sa.

Quanto miserabili diventano le nostre vite
quando vogliamo che appaiano valide agli occhi degli altri.

Forse non capisco.
Forse dirai che mi sbaglio.
Può darsi.
Eppure, mi dipano lungo la strada.
O forse tu penserai più chiaramente.
Forse penserai che lui abbia ragione,
quanto ognuno di noi.

La lode esterna non ci affina
se non è sempre stata intesa come tale.
Quel dannato guscio—come ci protegge.
Ma alla fine, non lo fa;
è solo pesante,
delicato,
e calcolato.

Si forza da sé.
Coinvolto solo per il gusto di esserlo.

Duro come la schiena nuda
del nostro guscio ossuto,
lo graffiamo
finché non ci convinciamo che sia liscio.

Ma non lo è.
È carnivoro.
È antico.
È sacro.

È un promemoria che rifiutiamo di vedere.

Così restiamo—
non in gabbia,
ma racchiusi dentro la nostra stessa armatura,
la nostra stessa tomba dorata.

Lungo la strada Peppercorn

La scelta nella questione
si sposta lungo la strada Peppercorn.

Punzonata e tratteggiata
dalle macchie di ideali elevati—
resa secca dalla ghiaia,
che sfrega contro
ciò che sapevamo di essere.

Il piacere svanisce
nel momento in cui bramiamo
qualcosa di più.

Ma cosa?

Ciò che era essenziale
diventa temporaneo—
un assalto diretto
quanto desideriamo,
quanto ormai non ci serve più.

Anche il desiderio
ha una vista ostruita.
L'essenza si trova
nelle astrazioni.

Fino a quando non diventa chiaro
che è arbitrario—
senza significato,
finché non decidiamo
che null'altro importa.

La puntura della nostra spontaneità
non è mai spontanea,
intessuta al contrario.
È stato solo attraverso
la derisione del tempo—
una catacomba di esperienza,
esplosiva di rabbia—
e allora deve essere nostra.
Non rifiutiamo nulla.

C'è sicurezza nell'irrisolto;
una volta che lo risolvi,
cosa resta da affrontare?

Il dramma è una droga.
Ne sono dipendente.

Nessun equilibrio

Nella vita
non c'è equilibrio.
Un po' di successo,
più fallimenti.

Tutto ciò che sta in mezzo
è transazionale.
O è questo,
o che cosa se ne fa?

Ci sono prove da riportare,
o potenziali da qualificare.

Quando non offri nulla
se non la tua stessa incomprensione,
che turbinia come denti d'acciaio,
strappando via
una storia,
una canzone,
un ricordo.

E nel seguito di quei momenti,
la meraviglia diventa vortice,
una sensazione rotante di gioia—
Perché la scoperta
è la natura disgiunta
Dell'allineamento.

Dipende solo dal creatore,
che trova
qualunque cosa sia,
qualunque cosa potrebbe essere,
quel "qualcosa"
che non sapeva di conoscere
fin dall'inizio.

Alla salute, notte

Ai cieli azzurri che accecano.

Agli sconosciuti che diventano amici,
e agli amici che diventano sconosciuti.

Agli sfortunati disadattati,
che bevono birre deliziose
su sottobicchieri bagnati.

Alle regine che ululano alla luna,
mentre i principi le guardano
con paziente ammirazione.

Ai piedi rotti,
agli incontri casuali,
e alle inaspettate passeggiate alle 3 del mattino.

Alla notte.
Alla notte successiva.
Alla luce che prende questa notte.
A ogni notte.
Alla notte.

Proprio come il vento,
le persone ti travolgono.

Lottare

Sono arrivato a un punto in cui non ne ho bisogno,
ma la sicurezza mi sembra estranea.
Anche il più piccolo ostacolo mi fa infuriare.

Combatto per ragioni sconosciute agli altri:ù
i miei amici,
la mia ragazza,
il mio capo,
la mia famiglia.

L'aggressività cresce.
Mi terrorizza la mente.
A volte mi fa piangere:
un vulcano che sale,
sciroppo rosso che trasuda dai miei condotti lacrimali.

Un fiammifero acceso mi abbaglia.
Non devo far altro che spegnerlo.
Ma lo osservo.
Lo stoppino annerito cresce,
la faida si placa,
e aspetto il momento
in cui sopravviverà l'ultima luce.

C'è serenità nell'oscurità.
È pazzesco.

Per tutto il tempo ho paura di essere scoperto.
Nessuno sa nemmeno che è successo.
Sorridono.
Ricambio il sorriso.

Nascosto dietro i tempi
in cui combattere era l'unica opzione,
ritorno.

A volte è più facile
tornare ad essere la persona che eri prima.

Amo i soldi,
ma odio provvedere.
Amo bere,
ma odio i postumi della sbornia.
Amo le donne,
ma odio il dolore.

Ragazze ricche

Le ragazze ricche non si preoccupano dell'affitto.

"Come paghi l'affitto?"
"Non lo pago."
"E chi lo paga?"
"I miei nonni."

Si affannano per tutta la settimana,
i lavoretti di babysitter si trasformano in amicizie retribuite.
Le lauree magistrali si trasformano in viaggi di una settimana
in Francia, Spagna, Maui.
Una tesi ingoiata con il matcha a brunch—
"Credo sia la mia passione.
Non so nemmeno se ne valga la pena."

Quanto è ironico il valore di una ragazza ricca?

Le ragazze ricche sposano ragazzi ricchi.
Quei ragazzi sono ossessionati dalle loro ragazze ricche.
Le ragazze ricche lo adorano,
lo odiano,
ci convivono.

Ma alle ragazze ricche piacciono i ragazzi come me.
Tipi rudi e combattivi.
Il tipo che sta bene se c'è,
bene se non c'è.
Vogliono sempre essere desiderate.
Non sopportano la mia disconnessione.

"Perché sei fatto così?
Tutti gli altri ragazzi si innamorano di me"
Alzo le spalle
"Va bene, tesoro. Vieni qui."
Le bacio la fronte,
il punto della determinazione,
proprio come faceva suo padre.

Ma quello che penso è molto diverso.
Perché quando sono qui, perdo il sonno,
intrattenendo qualcuno la cui vita

è costruita sull'intrattenimento istantaneo,
reazione, stimolazione,
mentre loro offrono ben poco.

Una saga curata, affrontata in un istante
o prolungata quando fa comodo.
Quanto è patetico creare un melodramma
per il semplice fatto di ammazzare il tempo.

E quando se ne sono andate,
scrivo di loro.
Come adesso.
Perché mi affascinano in un modo diverso.
Non esattamente per desiderio,
certo, scopiamo.
Le ragazze ricche sono più aperte sessualmente,
forse liberate dal fatto
che se si verificano degli errori,
si possono risolvere.
"Niente bambini per me, non ancora."
Su questo siamo d'accordo.

Ciò che mi attrae delle ragazze ricche è qualcos'altro:
la loro insolita scusa per vivere.
Nessun vero desiderio se non quello di essere distaccate.
Non costruiscono. Agiscono e basta.
Destreggiandosi tra gli ambienti sociali,
senza mai trovare ciò che cercano.
Come potrebbero?
Gli è sempre stato dato tutto ciò che volevano.

La sicurezza è un'autostrada con linee di demarcazione.
La sopravvivenza è fatta di buche, macerie, terreno dissestato.
Alle ragazze ricche piace l'idea di sopravvivere
ma preferiscono le comodità di un asfalto liscio.
Rimangono legate allo stile di vita che disprezzano,
calciando e urlando durante il loro viaggio.

Vorrebbero essere infelici,
portare con sé qualche trauma.
Qualcosa che le definisca.

Ma non è l'umanità a confonderle.
È il fatto che non l'hanno mai dovuta affrontare.
Non la affronteranno mai.
Non saprebbero come sopportarla.
Ma io sì.
E loro vogliono ciò che non possono avere.
Ed è proprio quello che non riescono ad avere:
un ragazzo grezzo da plasmare.
A differenza dei loro ornamenti,
io resto libero.

Eppure, a volte, scoccano scintille.
Momenti strani:
seduti nudi su un divano,
una ciotola di M&Ms scaldata al microonde,
guardando un documentario su Picasso.

È allora che le ragazze ricche sono rovinate.
Perché tutti i soldi del mondo
non possono renderle povere.
Non si piegherebbero mai all'indietro per te,
ma in rari momenti lo fanno.
E in quei momenti, capiscono cosa si prova.

Ma comunque,
essere liberi ha un costo.

Se vediamo solo rilevanza,
dimentichiamo da dove proviene.

Nessun rimpianto.
Solo ricordi, momenti e forse.

L'anatomia del dubbio

Un uomo solitario
si concede di pensare.
L'incertezza gli inebria l'anima.

Costruisce un ecosistema
di caos e distrazione,
fili lasciati liberi.

Le pressioni aumentano
verso l'inevitabile fine,
superflua a posteriori,
ma fondata in modo supremo
sull'infatuazione,
sulla paura,
sulla solitudine
di ciò che potrebbe rivelare
o di ciò che potrebbe non nominare mai.

La virtù del rischio

La conseguenza dell'essere al sicuro
è rimanere al sicuro.
E questo non è mai in linea
con il rischio.

Il rischio è l'unica virtù
che valga il suo vizio.

A volte avere un aspetto orribile è una cosa positiva.

Informativa sulla privacy

Il tizio mi ha detto che la sua targa era della Pennsylvania.
Ho chiesto: "Vivi in Pennsylvania?"
E lui: "No, vivo nel Connecticut".
"Allora perché una targa diversa?"
"Privacy", ha risposto.
"La polizia non ferma le targhe di altri stati".

Ho pensato:
Che stronzo.

Di quale privacy ha bisogno?
Quali segreti sta proteggendo?
Quale gesto grandioso giustifica questo mantello dell'invisibilità?

Nessuno vuole conoscerti.
Nessuno sta cercando di intromettersi nei tuoi affari.
Perché dovrebbero?

Cosa hai fatto di così magnifico?
Quale fardello porti
che merita di essere protetto dagli occhi del mondo?

L'infrastruttura economica
del paese è nelle tue mani?
Riesci a malapena a pagare la benzina.

Ma certo,
cambia le targhe,
progetta la privacy,
progetta il tuo anonimato.

Che ottimo uso del tempo.
Tutto in nome della privacy.

Privacy,
il soliloquio del silenzio
per qualcuno che disperatamente vuole essere ascoltato.

Inventano storie di costrizione
solo per spiegare le loro evasioni,
smascherando i propri piani
a chiunque sia abbastanza stupido da ascoltare.

A chiunque sia disposto ad ascoltare.
A chiunque possa importare.
A chiunque possa convalidare la lotta
del grande guerriero della privacy.

Se vuoi la privacy,
perché non sei in una stanza buia,
accantonato da bottiglie di piscio,
raccolto settimanalmente da un uomo a cui non importa niente?

Spedisci lettere a piedi.
Niente francobolli.
Incontra le persone di persona.
Niente telefoni.
Usa contanti.
Niente carte di credito.
Mettiti a digiuno.
Niente drive-in
a mezzanotte con hamburger, patatine fritte e un frullato.

Telecamere ovunque.
Scontrini a tuo nome.
Se vogliono trovarti, lo faranno.

Non c'è privacy.
Niente.

E quelli che si sforzano di più di preservarla
sono spesso i più notati.

Mentre al resto di noi,
quelli che mettono a nudo la propria anima,
quelli che cercano di scrivere qualcosa di decente,
ci viene detto di stare zitti.

Troppo impegnati,
troppo rumorosi,
ad ascoltare qualcuno
che si vanta di opporsi al sistema,

targhe della Pennsylvania sul suo Silverado.
Ma lui vive nel Connecticut.

I medici non sono narratori

Io definisco i medici
i più prolifici narratori di rigurgiti.

Non hanno scoperto nulla.
Dicono solo ciò che è già noto,
già in circolazione,
ma lo prendono come loro.

Non riescono a percepire il mio ruolo;
gli è stato insegnato che non era possibile.
Ma io scrivo meglio.

I medici non sono narratori.
Sono giornalisti.

Raccontano i fenomeni naturali della biologia:
cosa c'era prima di loro,
cosa ci sarà con loro,
cosa ci sarà dopo.

Lenti a partire,
veloci a conquistare la gloria:
è al massimo storico per i miei medici.
Un modo per giustificare ciò che hanno studiato,
definito dai parametri della loro laurea.

L'unica nota a cui si aggrappano,
anche se la credibilità viene meno
nel momento in cui viene loro consegnata.

Perdono la grinta
perché l'hanno esaurita,
solo per dire che il potenziale è loro.

Ma pochi resistono alla riluttanza.
Solo questi diventano dei tra i bisturi.
La maggior parte si taglia fuori da sola fin dall'inizio.

Preferiscono sentirsi dire che possono
piuttosto che dimostrarlo.

È questa la mia ragione, suppongo:
per farli apparire intelligenti.

Riga per riga,
pulisco la spazzatura,
trasformando le loro parole in miracoli.
La gente li vede come dei geni,
e io...
non lo sapranno mai.
Perché altrimenti non ci crederebbero.

Quindici anni, cinquecento pubblicazioni,
e tutto quello che ottengo:
"un bravo organizzatore".

Gli viene detto: "Quanto sei intelligente a scrivere questo".
E cos'è intelligente, comunque,
se non il permesso degli altri,
il più delle volte persone che la pensano come me,
che annuiscono all'interno di gerarchie invisibili.

Non è il riconoscimento che mi addolora,
è la percezione che viene concessa,
legata vagamente ai loro nomi su un manoscritto,
una dichiarazione senza creazione.

No, ciò che mi fa arrabbiare è l'uso improprio dei termini.
Non sono geni.
Il genio non aspetta i riconoscimenti.
Il genio non si aggrappa ai titoli.
Il genio non si ferma ai limiti di una laurea.

Ma il genio non si ferma mai.
È troppo impegnato con il prossimo progetto,
il prossimo articolo,
il tetro tentativo di creare arte.

Il significato nasce dal conflitto,
la vera prova del genio.
Ma non esistono geni.
È una maschera che smascheriamo subito.

Quindi, quando scrivi un articolo scientifico,
atteniti allo studio,
non a te stesso.

Palloncini per la banalità

Si continuano a lanciare
insipidi elogi di grandezza
per le modeste nozioni
di mediocrità.

Che assenza di umanità,
anime ridotte a un espediente.

E per cosa?
Un'azione.
Una reazione.
Una macchinazione per sport.

Un tizio siede in metropolitana
con un microfono,
e improvvisamente
è qualcuno che dobbiamo ascoltare.
"Sono d'accordo."
"Non sono d'accordo."
Gli "oh" e "ah" della noia.

Vediamo il mondo come significativo
quando siamo giovani,
che avremo un impatto,
che daremo un contributo.

Pensiamo che ciò che è ora
debba significare di più
di ciò che è venuto prima.
Così ci aggrappiamo al presente,
cercando di tirare a campare.

"Deve significare qualcosa!"
"È diverso perché sono io."
"È il nostro momento."

Ma poi ci rendiamo conto
di aver fatto molto poco.
Opportunità sprecate,
che richiedono solitudine,

che bramano l'accettazione
da parte di chi non si è mai accettato.
E poi ci stanchiamo della caccia.
All'inizio sanguiniamo,
inosservati.
Poi ci prosciuga.
Camminiamo con poca vita rimasta.

Cerchiamo vie di fuga.
Beviamo.
Ci droghiamo.
Imbrogliamo.
Facciamo tutte le cose
che avevamo giurato di non fare.

E le facciamo con rivincita,
come se i sussurri del mattino
ci dicessero che non abbiamo alcuna possibilità.

Eppure, recitiamo la parte.
Sorridiamo a comando.
Accoglienti,
irriconoscibili
per il nostro io di un tempo.

Convincendo noi stessi,
convincendo gli altri,
che quello che facciamo
è quello che dovrebbero fare.

La mandria brontola
più forte di qualsiasi fuga precipitosa di bufali.
Il divario tra sognatori e realizzatori
si riduce a zero.

"Scarsa possibilità", dicono.

Quanto diventa crudele
quando le visioni di ieri
diventano i sogni svaniti di oggi.

Come la roccia senza spigoli.
Come la freccia senza punta.
Come la pistola senza proiettili.

Il castello di carte crolla.
Manca un pezzo
e le nostre viscere si rovesciano–
schiacciate sul tavolo,
il sangue si secca
prima di accumularsi.

Perché è il problema più grande che dobbiamo affrontare:
il concetto di resa.
E lo travestiamo da vittoria.
È il posto peggiore in cui trovarsi:
dove applaudi la tua paura,
il fallimento travestito da resa,
l'applauso che arriva
come una lenta accettazione.

Il nostro colore può brillare,
ma si asciuga come la vernice.
Svanisce con la stagione.
Siamo fortunati
se abbiamo mai una mano di vernice fresca.

La promessa si trasforma in presenza
più velocemente di quanto dovrebbe.
Invece di resistere,
ci accontentiamo di un default.

Un tempo un filo teneva il nostro palloncino,
ma abbiamo paura di salire,
temendo di non essere stati abbastanza.
Così soffriamo da soli,
insicuri,
incapaci,
irreali.

E non possiamo fare a meno
di sentirci sollevati,
il più triste dei sollevamenti,
non più necessari,
non più respiranti
nello spettacolo.

Aspettiamo lo spillo.
Una foratura.
L'aria è finita.
Finalmente.
I palloncini della banalità
si allontanano,
vuoti,
andati.

Fallisci coraggiosamente, con risate e umiltà,
così il cielo arde di rabbia
e diventa nero di meraviglia.

La sua voce era una piuma
che catturava il vento
nel modo giusto
e continuava a volare per sempre.

Tra gli altri, senza essere uno di loro

Mi sono sempre sentito
come se stessi osservando.

Osservo le persone,
i luoghi,
le interazioni:
le loro preoccupazioni,
le loro esaltazioni,
i loro desideri.

Sempre osservando.

La parte difficile
è che mi sento sempre fuori posto,
anche quando vengo accolto
a braccia aperte.

Non sono stabile,
quindi preferisco guardare.
Lo trovo più interessante.

E mi chiedo:
potrò mai integrarmi

L'attrito è la causa delle fiamme.

Dolce foglia

Ho visto la mia versione migliore
nei suoi occhi castani.
Il modo in cui ho sempre sperato
di essere visto.

Le ho stretto la mano in modo diverso dopo.
Stringendola leggermente.
Come per dire
che potevamo sostenerci a vicenda.

Il nostro primo bacio non è stato un trucco.
Non un gioco,
non una scappatella,
non disperazione.

È stata convinzione.
Un passo falso verso la fiducia.

I primi appuntamenti di solito non ti danno quella.

Ma a volte
lo sciopero arriva,
si accendono scintille,
il fuoco ti attraversa,
e il passato crolla.

Sii pronto quando succede.
L'eternità non aspetta.

Puoi essere sobrio
ma ubriacarti comunque.

Combatti l'ignoranza congeniale
con un genio sottile.

Bacchette economiche

La mente di una donna
è il suo dilemma:
volubile come delle bacchette economiche,
che si spezza nella sua stessa trappola.

Cerca stabilità dentro di sé,
ma brama il caos fuori.

Sensibile, perché è intrappolata.
Fascinante, perché non può scappare.
Oscuramente bella, perché il mistero torna sempre a mordere.

Stagioni in un recipiente

È un primo appuntamento.

La ragazza russa è stupenda.
Ma noto la ciotola di riso
più di lei,
sedendosi tra noi.
Il riso fuma,
ma le perle,
da lontano,
sembrano freddi fiocchi di neve,
forgiati in una ciotola inclinata–
grigie, lucide, contente.

E il riso mi ricorda
gli inverni nel Maine –
una gita di un giorno fatta
con un amico del college
che si è rotto la clavicola.
Arrivò la pattuglia sciistica,
ci portò in slitta fino alla base,
lo impiccò.
Ci riportai a casa in macchina.
Quell'anno,
la stagione
fu interrotta.

Penso sempre a quella–
o a qualsiasi stagione
in cui ci perdiamo qualcosa,
in cui qualcos'altro –
anche un infortunio –
ha la precedenza.

E penso a questa donna di fronte a me,
e a come non mi mancherà la nostra stagione.
Chissà dove andrà a finire,
quanto è dubbio il nostro incantesimo
quando vediamo attraverso le inibizioni.

Mi chiede qual è il mio motto di vita.
Le dico che è prima impegnarsi, poi convincere.
Le piace.

Pensa a tutte le volte
in cui non si è impegnata.

E poi dice:
"Vuoi del riso?"

E io rispondo:
"Non c'è bisogno di convincermi".

L'agonia dell'ordinario

Voglio stare con persone cattive.
Non quelle maligne, no.
Ma quelle interessanti.

Spesso la velocità della vita rallenta
fino a una pallida noia.
Una rete di sicurezza a graticcio,
la gabbia del conformismo.
La Fed si sbarazza–
affamata di convenzionalità.

Dicono di volere qualcosa,
ma che cosa di straordinario hanno portato?

Niente, di solito.
False promesse.
Nemmeno una bugia.
Almeno una bugia eccita.
Ma l'azienda tecnologica,
lo studio contabile,
la giostra di merda dei tassi di interesse–
non è sorprendente.

Eppure implori qualcuno di eccitarti.
Ma non sei eccitante.

Lavorare per Microsoft? Non eccitante.
Quei leggings leopardati che ti hanno venduto su Instagram?
Non eccitanti.
Quel tatuaggio che ti sei fatto in Costa Rica quindici anni fa?
Non eccitante.

Ciò che è eccitante è l'intrigo.
I progetti lo proteggono.
Seduto alla dannata tastiera,
a vuotare il sacco prima che marcisca.
Faccelo vedere.
Non dircelo.
Le creazioni raramente danno risposte,
ma almeno hanno una ragione.

Ci bruciano il cervello.

Le donne diranno di volere un uomo
che si distingua,
ma spesso non ci riesce –
proprio come loro,
che cavalcano l'ombra del potenziale,
conversazioni infinite su
cosa si potrebbe fare
se lo volessero davvero.

Le donne si preparano alla dismissione–
proprio quando il lavoro è finito,
nel momento in cui lui ha più bisogno di lei.
Quando la sua angoscia si affievolisce,
lei si sente inferiore al lavoro.

Così se ne va.

Trova qualcuno di più sicuro,
torna al campo di papaveri del potenziale.
Finché non trova un perdente che non realizza mai il suo sogno.
Poi – ops. Un figlio. Un cane. Una casa.
Ora non si può fare altro.

E in qualche modo è diverso?

Quanto lontano può portarci una risata,
quando ci spinge ancora più lontano,
il nostro tradimento interiore
che si crogiola nella propria vittoria.

Che schifo.
Accontentati.
Salvati dall'oscurità.
Il sogno vuoto,
un rubinetto che perde lasciato gocciolare –
l'esistenza barattata,
passi inevitabili ripetuti.

Quanto si diventa obbedienti
quando ci si rende conto che la propria rarità è svanita.

Invece di confessare,
cercano di trasformarci in loro,
di preservare ciò che sono diventati,
e di uccidere coloro che un tempo erano loro.
Così alcuni di noi si ribellano.
Quando non c'è voce, nessuna via di fuga.
Quando non riesci a convincerli del tuo stile di vita,
non resta che scrivere.

Almeno allora,
hai ucciso un drago.
Una vittoria silenziosa
nella loro noia.

Saranno ascoltati. Lo pretendono.
Amano il suono della propria voce,
anche se il silenzio spiegherebbe tutto.
Sputati nel nulla,
vite di routine a cui si aggrappano.
Correnti. Esausti.
Mostrando devozione-
feste di compleanno,
giornate allo zoo,
biscotti natalizi nella pellicola trasparente-
vite perfette rappresentate sotto una luce fluorescente.

Nessuno spazio per sedersi, dormire o dire nulla.
Un suono sconvolgente imposto agli altri.
Come se fosse mai giusto
percorrere il sentiero verso l'ordinario.

"Abbiamo preso una decisione impressionante."

Lo è?
Non ne sono così sicuro.

L'ordinario è un'agonia.

Vivere nel limbo ti lascia senza alcuna leva.

Sacchetti di plastica sui rami

La merce ci appesantisce:
stabili, instabili,
pronti a rompersi senza preavviso.

Ne aggiungiamo di più.
Ne prendiamo di più.
Vediamo di meno.

L'inizio è piatto,
i picchi recenti,
finché tutto non si compatta.

Tirato per la nostra maniglia,
l'elastico scatta.
Tutto sparito,
sdraiati sul marciapiede,
ed è la sensazione migliore che abbiamo mai provato.

La pressione scatta,
il crescente senso di inferiorità svanisce.
L'aria ci solleva.

Volando, ci avvolgiamo attorno a un ramo,
contorto, mutilato,
le nostre fibre tese.

Il ramo aspetta di lasciarsi andare,
proprio come abbiamo fatto noi,
allo stesso modo prima.

Finché non saremo liberi di volare,
senza vincoli.

Trova la tua eterna via di fuga
oltre l'ordinario.

Non so niente,
di questo sono sicuro.

L'eclissi ardente

I fumatori sono amanti del rischio.
Si accendono una sigaretta,
sapendo che a ogni tiro
si avvicinano alla morte.

Forse hanno capito tutto:
l'alcol a tarda notte,
i lividi magenta sotto gli occhi,
i fantasmi della vita notturna,
la congregazione
attorno a una fiamma morente.

Corsa e sfarzo.

La vita non potrebbe mai essere così triste,
così bella,
così eccitante.

Forse il fumatore
ha capito tutto.
Vorrei tanto aver capito.
Vorrei tanto che chiunque altro avesse capit.

Tempeste di sabbia nella nostra mente

La reputazione è un fantasma nella sabbia,
un fantasma che diventiamo dalla nascita.

Come ci rimpiccioliamo in fretta,
adorando il divoratore di dune,
mirando a un bersaglio immaginario,
che si avvicina a noi.

Crediamo nell'illusione,
tutto per vanità.
Rientrando dalla sofferenza,
prestiamo attenzione all'esistenza,
prima di essere criticati
e dilaniati dalle zanne della folla.

Ma la accettiamo.
Demoralizzati da qualche figura sputacchiera,
meglio mutilati nella carne
che sepolti nella mente.

Il trauma cementa il nostro caos,
un volto immobile e sicuro,
un castello di sabbia che non incontra mai il mare.

La responsabilità assume una posa;
passiamo la responsabilità,
ad altri in orbita,
all'intelligenza artificiale,
il nostro capro espiatorio risoluto.

Non è sempre stato
qualcun altro da incolpare?
Se fosse vero,
perché continuiamo a idolatrare?

"Noi no, assolutamente no."

Perché ritrarci, ancora e ancora,
dal fantasma nella sabbia?
Ci allontaniamo dalla verità
a causa del mostro.

Dentro, stiamo scoppiando.
Fuori, pallidi come il fantasma,
una tela bianca
che rimane bianca.
Nessun colore da dipingere con le dita.
Se lo facessimo,
le nostre mani sarebbero piene solo di sabbia.

Più umore.
Meno malinconico.

Nulla sprecato

Non sporcare la mente.
Non sprecare le illusioni
che stai cercando di trasformare in realtà.

Un tempo, l'innovazione era fantasia.
Lo sciocco che osava diventava il pilota.
Uomini e donne selvaggi credevano nelle ali.

Non sporcare il desiderio.
Non scartare il sogno,
la forza che esige di essere esplorata.

La strada è piena di crepe
per l'occhio attento.
I dettagli si approfondiscono
con l'attenzione.

Seguili
dritti tra i denti arrugginiti del destino.

Un collegamento attraverso una scappatoia

Alcuni di noi hanno conoscenze;
la maggior parte ha delle scappatoie.

Alcuni diventano medici
perché le loro famiglie possiedono gli ospedali.
Altri si arrangiano nei campi
con lavori pesanti,
finché quel lavoro non brilla come un gioiello ai loro occhi,
poi ci viene strappato via
prima ancora che lo perdiamo di vista.
E noi restiamo lì seduti,
a cercare un'altra scappatoia.

Quelli con conoscenze non sudano mai.
I loro curriculum sono cuciti d'oro
prima ancora che scrivano una parola.
Entrano negli uffici,
lo chiamano destino,
quando in realtà è una tangente di sangue.
I loro errori vengono perdonati,
la loro incompetenza
viene semplicemente chiamata "potenziale".

Quelli delle scappatoie?
Costruiamo scale con assi rotte.
I nostri legami sono le notti insonni,
i lavoretti secondari,
gli affitti bassi in scantinati infestati dai topi.
Sopravviviamo con nastro adesivo e caffeina,
con forse l'anno prossimo,
con se-sono-fortunato.

Quelli con conoscenze pensano che la difficoltà
sia scegliere tra caviale e aragosta
durante il ritiro aziendale.
Quelli che cercano scappatoie pensano che la difficoltà
sia una bolletta della luce da pagare venerdì
e un capo che dice
"Sii grato di essere qui".

I pensatori siedono in alto nelle torri,
preoccupandosi delle loro parole-
cosa suona ignorante,
cosa potrebbe incrinare una reputazione-
come se la reputazione stessa
non fosse solo un altro oggetto di scarto.

Nel frattempo, chi trova scappatoie
viene definito spericolato,
disperato,
sciocco.
Ma continuiamo a muoverci-
attraverso crepe,
attraverso porte secondarie,
attraverso gli spazi
dove i collegamenti non possono arrivare.

E a volte,
quando si attraversano abbastanza scappatoie,
si diventa il collegamento.
Perché le scappatoie potrebbero non durare per sempre,
ma sono nostre.

E questo basta.

Non abbiamo mai avuto bisogno di permesso.

Stufato di merda di cane

Abbiamo creato più problemi
cercando di risolvere soluzioni
che di risolvere problemi reali,
tutto in nome di uno
che impone i propri ideali
come il modo migliore di gestire le cose.

Se ha funzionato allora,
perché non ora?
"I tempi sono diversi."
"È il vecchio modo."
"Non è nuovo."
Scuse. Tutte quante.

La verità?
Siamo solo annoiati.

Pensiamo che il nostro punto di vista conti.
Non pensiamo, non elaboriamo né rimuginiamo pensieri.
Diciamo solo quello che diciamo
per il gusto dello sport e dell'intrattenimento.

Desideriamo l'attenzione
che deriva dai frivoli riconoscimenti dei nostri coetanei.
Pensiamo di dover
stare al passo con i nostri contemporanei.

Siamo ossessionati da una ricaduta
che non è ancora passata.
Inventiamo disastri
per ostentare le nostre soluzioni,
tutto in nome dell'essere dei salvatori.

Evitando per tutto il tempo
il vero problema: noi:
chi siamo,
chi diventiamo nel processo.

Ancora irremovibili,
gridando indipendenza.

Ma è tutto:
finto.
finto.
tonfo.

Una tasca piena di poser:
tutti crollano.
Non forti,
non coraggiosi,
non audaci.
Mansueti, lunatici,
disperati in cerca di sfogo.

Crediamo nel momento in cui ci viene detto cosa fare.

Affoghiamo in uno stufato di merda di cane:
benzina versata dentro,
cotta a fuoco lento,
esplosa,
e in qualche modo salvata
per la nostra indulgenza nell'ignoranza.

Lo mettiamo da parte.
Ci perdoniamo.
Diciamo di essere importanti,
ma non è così.

Siamo solo prodotti-
la presa della tecnologia sulla psiche,
il lavaggio del cervello aziendale,
la cultura dei perdenti travestita da influenza,
gli spaghetti della domenica,
la birra artigianale,
le rivelazioni di genere,
le criptovalute,
i reel di Instagram
e una birra fredda di Dunkin'.
Tutta la pornografia a cui crediamo,
e se non altro,
troveremo un problema anche lì.

Cavalieri senza testa parlanti

Il giudizio morale ora si basa
su una singola valutazione:
la pertinenza.

E con essa,
la morte della fede.

Fede in Dio–
un tempo definitiva, disfatta,
proposta come il copione di un venditore di auto usate.

Fede in sé–
ribellione ridotta a convenzione,
individualità offuscata dall'uniformità.

Fede nella società –
comunità mascherata da merce,
unione messa in scena come estetica.

La tecnologia si insinua
come sostituto definitivo.
Scambia il piacere con il potere,
proclamando il controllo
sotto il dominio dei comitati.
Determinano come, perché e quando agiamo–
la vita ridotta a insinuazioni.

Tutto questo nasce
da una fame di permesso.
Desideriamo ardentemente che ci venga detto cosa fare.
Non il desiderio che detta il permesso–
ma il permesso che detta il desiderio.

Ma la pertinenza non è arte.
La creazione richiede conflitto–
non violento,
ma una lotta interiore.

Anche se la solitudine richiede tempo per divenire,
ne vale la pena aspettare.

Il ritmo è la nostra priorità.
Solo la pazienza ci rende liberi.

Altrimenti,
le anime perse vengono cancellate.
Lavate via
nel calore a buon mercato della visibilità.

C'è urgenza per ora,
anche se la verità
richiede silenzio,
richiede stagioni.

Ma perché così impazienti?
Per la prova dell'esistenza stessa?
Per essere visti come siamo sempre esistiti?

Non ci hai mai pensato così profondamente,
fino ad ora.

Perché la tua vita è cambiata:
conveniente, basata sui metri, materialistica.

Persino la salute diventa una scorciatoia:
una pillola per le prestazioni,
non per la vita.
Corpi scolpiti per lo spettacolo,
non per la forza.

E così ti viene detto:
Ecco come appare la rilevanza.
Come dovresti apparire.
Parla come.
Pensa come.
Sii come.

Finché la testa parlante non crolla.
I cavalieri galoppano.
Una nazione marcisce nel suo canto.

E quando tutti sono costretti a pensare allo stesso modo,
l'emarginato viene sempre fucilato,
o, alla fine,
si uccide.

La grandezza offende il mediocre.
Quindi la imbavagliamo-
a meno che non faccia capolino dal buco della serratura
dell'empatia.

Bolle e compleanni

Il fenicottero rosa si urtava
sotto il salice a Brooklyn.

Bambini e bambine si mettevano in fila dritta
mentre la macchina delle bolle girava e muoveva le sfere.

Ognuna di esse quasi scoppiava
mentre passava attraverso i volti dei bambini.
Baguette e brie cotti sul tavolo da picnic.
Madri e padri li aspettavano,
cercando un modo
per rendere questo compleanno,
un compleanno fantastico.

Osservavo da vicino.
Il declivio della collina erbosa
formava un piccolo anfiteatro attorno alla loro scena.

Le bolle fluttuavano accanto a me.
Ogni tanto le schivavo,
proprio mentre la piñata deviava
l'attacco del bambino di tre anni.

Il bastoncino era più alto
persino del bambino più alto.

La sfilata di bambini reclamava
il centro della caramella.
E mentre l'ultimo colpo spaccava il fenicottero,
i gioielli di zucchero si disperdevano.

Le bolle scoppiavano sui volti
e si aggrovigliavano nei capelli.

Una bolla si diresse verso di me,
più lenta delle altre,
sospesa
come se mi sfidasse a soffiare.

Ma non voleva volare via.
Atterrò accanto a me,
aggrappandosi alla foglia più verde
prima di scoppiare.

Sorrisi e pensai:
fino alla prossima piñata,
fino alla prossima bolla,
fino al prossimo compleanno.

E anche noi

C'è una fermata stretta a Dumbo,
il centro che guarda verso il ponte di Brooklyn.
Proprio dietro l'angolo della giostra,
fuori dalle strade acciottolate.

Si avvicina il tramonto.
I lavoratori del turno di notte si mescolano ai turisti–
quelli di Battery Park o Pechino,
sparpagliati come coccinelle lucide,
in lizza per un posto sul traghetto.

Presto l'impiegato passa in rassegna i biglietti.
Una corsa sfrenata verso il ponte superiore –
posti limitati, vista limitata,
esperienze limitate.
Le reclute vogliono godersi tutto.
I veterani vogliono solo dormire.

Persino il banchiere abbattuto conosce i tempi.
La sarta di Astoria vuole solo tornare a casa.
Una cameriera pensa al suo nuovo amante
appena fuori Wall Street.

Il traghetto è un ricordo di un'avventura,
un fugace sogno di essere persi in mare.
Ma questi cittadini si precipitano a sedersi,
a scorrere i cellulari, a scorrere a sinistra,
a restare senza fiato davanti a qualche video di ballo,
a leggere una frase di un articolo
e a definirla abbastanza buona,
a commentare con un'emoji,
aggiungendo potenza al colosso dei media new age.

Poi suona la sirena:
il traghetto taglia l'acqua
come un coltello in un'anguria,
la scorza che si sgretola, il succo che si rovescia.
Avanziamo attraverso il tumulto della terra
verso l'abisso del fiume.
I topi sul cemento ci guardano passare.

Le vecchie ossa di Domino Park,
lo zuccherificio trasformato in palestra,
il venditore di tacos saluta con la mano–
tutto il giorno, tutti i giorni,
marketing gratuito come l'orologio idiota
che segna l'ora giusta due volte,
anche se in qualche modo le lancette
si muovono sempre più veloci del tempo.

E la ragazza con cui sto–
non sono sicuro che durerà.
Le nostre vite confondono il romanticismo.
Ogni amore si rovina
cercando di capirlo.
Ma il traghetto non pensa,
l'acqua sale come
di sempre.

Un uomo di colore chiede quale edificio si trovi più avanti.
"L'Empire State", rispondo.
Una domanda facile, ma è bello saperlo.
Quattordici anni di affitto
acquistano il diritto alla certezza.

Il traghetto sobbalza,
la pioggia cade, le gocce scivolano dalla testa ai piedi.
L'umidità ovunque – rigida, inflessibile –
ci muoviamo comunque.
Un tubo di nebbia traslucido,
a un'insegna al neon di distanza da qualsiasi altro luogo.
Ma no, raggiungiamo la 34esima Strada.
La maggior parte sbarca.
Pochi vanno nel Queens.
Noi lo facciamo.

L'interruttore scatta,
lasciamo di nuovo il molo.
Tutto questo sotto l'attenta supervisione
di un capitano – o di un timoniere
che si affida al sistema di navigazione del giorno.

È notte ormai.
La pioggia smette.
Noioso come i gabbiani,
il tempo è trascorso per noi allo stesso modo
di secoli prima.

Settant'anni se siamo fortunati,
ma la tecnologia trascende,
come l'amore,
qualcosa che pensiamo inizi con noi,
ma che è sempre vissuto prima,
e che vivrà anche dopo.

La ragazza con i capelli scuri,
forse solo un'altra cascata che svanisce.
O forse no.
Non abbiamo ancora deciso.
Per ora il motore ruggisce,
proseguiamo la navigazione,
ci baciamo perché
è una cosa bella da fare su una barca.

Le luci della città accendono antiche meraviglie.
Non sarà mai così nuova come lo è per noi.
Quindi continuiamo così.
Lei mi tiene sulla sua strada.
Io la tengo sulla mia.

Astoria finalmente.
Il viaggio è finito.
E anche noi.

Vivi ora. Muori più tardi.
Lo farai comunque.

Lamponi selvatici

Tutto ciò che abbiamo sono le nostre storie.
Preservale. Rivestile d'oro.
Raccontale a chiunque voglia ascoltarti.
Perché le storie sono i lamponi della vita.

Non sarà mai abbastanza,
ma meglio qualcosa che niente.

Con il gesso sul viso

Che vita vuota viviamo
quando l'anima viene spogliata
e rivenduta a noi
in frammenti selezionati.

La performance è stata proiettata
come una tragedia extracorporea,
la bruttezza del mondo
riflessa nei volti che un tempo ammiravamo–
quelli che speravamo
potessero vederci,
parlarci
con la vista, il suono e la grazia.

Ma non lo fanno.
Non l'hanno mai fatto.

Questo è il dolore–
quello che riduce in polvere il tuo valore,
si sparge sul volto dell'invidia,
come gesso modellato da mani
che nessuno ricorda.

Eppure il dolore, per quanto crudele,
a volte ti rende libero.

Forse anche le estetiche più popolari
sono destinate a essere contrastate col tempo.
Il valore traspare dalle crepe,
sbircia dal buco della serratura
di porte chiuse a chiave dalla classe dirigente –
che sta dentro come un clan,
decidendo cosa vedere
e cosa restare dimenticato.

Ciò che vale la pena notare
non è solo il livido del rifiuto personale,
ma il più ampio presagio.

La cultura torna sempre indietro.
Persino la ribellione viene venduta,
riscaldata,
riconfezionata:
una rivoluzione affittata a ore.

Ma ce n'è un altro tipo:
più silenziosa, meno ornata.
Guadagnata.
Barcollante nella tempesta
senza applausi.
Questa è quella che dura.

Non saremo i primi.
Le strade hanno una storia.
Camminiamo accanto ai nomi.
Diventiamo ciò che è diventato prima.

Ma non scoraggiatevi:
anche il fallimento lascia una storia.
Molti vivono tutta la vita
senza una.

Ma tu ed io,
abbiamo la nostra.

E se tu non ne hai una,
che senso ha?

Scossi dallo sperma

Il sesso non è un elisir.
È un eliminatore.
I grandi uomini hanno perso la grandezza.
Le donne forti, la loro volontà.

Il sesso è evasione,
da qualsiasi cosa fossimo prima.
Sopportiamo il peso dell'essere
solo per distrarci con la lussuria.

Nessuna forza dissolve il sogno di sé
come la ricerca di conferme attraverso il sesso.
Il pittore ne giura.
Il poeta lo disprezza.
Il contabile ne dipende.

Non è l'anima che vogliamo toccare,
ma la carne.
Usiamo il corpo di un altro per riempire il nostro,
riduciamo il suo a piacere,
riduciamo il nostro a prova.

E che vista.
I petali rosa di una donna,
un viaggio verso l'eternità.
Il joystick dell'uomo rimbomba,
dentro e fuori.

Quanto è noioso essere lui.
Quanto è noioso essere umani.

Un tempo eravamo impenetrabili.
Ma non possiamo vivere senza.
L'istinto.
Il sangue.
Gli ormoni.
Una pentola d'oro.

Ma l'oro è per gli sciocchi.
E così lo siamo noi per il sesso.
Eppure, diavolo, è bello.

Non è vero?
La seduzione delle sensazioni
ci distoglie dal nostro coraggio.
L'ultimo rifugio dell'ego:
i nostri corpi, spalancati per essere presi.

Anche i più intelligenti,
i più ricchi,
i più stupidi:
cadiamo tutti preda
della musica del corpo.

La voce parla,
ma non ascoltiamo.
La lasciamo entrare e basta.
Come l'infelicità di qualcun altro.

Finché non raggiungiamo l'orgasmo.
Il nostro cervello,
scosso dallo sperma.

E poi la chiarezza.
Come prima.
Prima di venire.
Prima del sesso.
Ora è finita.

Finché non diventiamo insicuri,
lo chiamiamo eccitazione,
e facciamo un altro giro.

Perché se qualcuno vuole scoparci,
sicuramente significa qualcosa.
Pensiamo di sì.
Preghiamo che significhi qualcosa.

Ma è solo la fusione.
Calore tra i corpi,
in attesa del botto.

Ma spesso,
la vera esplosione,
quella in cui ti sorprendi,
ti manca.

Perché preferisci essere scopato
e soffrire
piuttosto che resistere
e creare.

Ma non preoccuparti.
È così che finiscono la maggior parte delle persone.
Lontano da ciò che una volta li eccitava,
e solo più vicini
a qualcuno
che ha lasciato dietro di sé
qualcosa di simile.

Solo per essere toccato.

Niente è così fondamentale come il presente-
finché non arriva il domani.

Terra desolata editoriale

Una lettera.
Una lettera — ripetere.
Una parola.
Una parola — ripetere.
Una frase.
Una frase — ripetere.
Un paragrafo.
Un paragrafo — ripetere.
Una pagina.
Una pagina — ripetere.
Una storia.
Una storia — ripetere.

Sprecato.
Finché non rimane più nulla.

Il rifiuto alimenta la forza
di dimostrare che il mondo ha torto.

Permane

Forse sono uno degli ultimi rinnegati.

Faccio il lavoro.
Cerco di farlo bene.
Rimango nel mio fango di negazione,
chiedendomi se ho le carte in regola,
sapendo nel frattempo
quanto sarebbe facile arrendersi.

Ma non riesco ad arrendermi.
Non riesco a smettere di scrivere:
e se la frase perfetta fosse là fuori?

Che angoscia non ti augurerei:
la marea dei miei pensieri,
già vecchi mentre se ne vanno,
eppure in qualche modo, nuovi ne entrano.

Così scrivo senza sosta,
inorridito di dimenticare,
inorridito di ricordare.

Il pendolo oscilla avanti e indietro:
che non sarà abbastanza buono,
che ci deve essere altro da trovare.

Per tutto il tempo
potrei distogliere lo sguardo dalla prova.
Mi viene detto che non importa.
"Perché preoccuparsi?"
"Cosa ne ricavi?"

Più di quanto loro sappiano.
Più di quanto io saprò mai.

Qualunque piccola cosa diventi nostra,
anche la più debole melodia è nobile.

Tieni ciò che è tuo.
Combatti l'impulso.

Non intorpidirti
e non diventare lo schizzo
dello status quo.
C'è un sacco di inchiostro versato nel mondo.
La maggior parte ha baciato un anello.

Coloro che non sono rinnegati –
ingannevoli, aspri,
persi nei meandri
della morsa della resa.

Il loro spirito è stato venduto.
Non so dove li compri.
Me ne è stato regalato solo uno.
Nessuna somma di denaro potrebbe prenderlo.
È l'unica cosa che so per certo
che finirà nella tomba.

Quindi vai oltre il prendere.
Facci vedere la tua arte.
Costruiscilo in modo che sia fatto bene.
Fallo. Fallo. Fallo comunque.

I piccoli dettagli ci logorano.
Il significato conta più degli errori.
Non perderti in semplici condizionamenti.

La rarità non è l'esistenza in sé.
È il modo in cui dai forma alla tua ricerca.

Forse vedi la scoperta di te stesso
come un espediente,
una rappresentazione della vita,
dove mondo accademico, metriche e filosofia si scontrano,
goffa come la prima presa di un bambino.

E allora?
Continua a impegnarti.

Anche quando la prova c'è,
gli altri potrebbero rifiutarsi di guardarla.
Eppure, quando il rinnegato viene ignorato,
sa che c'è.

La festa del rinnegato è solitaria.
Prove contro il sistema
che ha infranto –
e che infrange di nuovo.

Aggrappati a quella prova.
È l'unica cosa che abbiamo.
Non importa quale sia il tuo fardello,
non sei tu a essere fottuto,
è il rifiuto del rinnegato.

Persino i cowboy un tempo erano eroi –
santi non più cresciuti dalla lode.

Un percorso che ha lasciato molti uomini spezzati,
un fardello che è diventato maledizione,
poi angoscia,
poi privilegio.

Un'indipendenza grezza
tradita dalla cultura che l'ha generata,
disprezzata nel ricordo di chi si è costruito da solo.

E abbiamo dimenticato la gloria della ricerca.
Perché senza ricerca,
non c'è volontà.
E senza volontà,
non c'è canto del cigno.

Permane.
Permarrà,
anche per l'ultimo rinnegato.

*Dovremmo vendere la nostra anima
solo per ricomprarla?*

Come gestirlo

Il corso del progresso
inciampa su se stesso
perché le persone non sanno ascoltare,
non vogliono leggere,
si rifiutano di seguire le istruzioni.

Ma certo. Inventati tutto.
Assolutamente, fallo a modo tuo.
Non seguire le istruzioni comprovate.

Un metodo improvvisato
che hai appena messo insieme
perché ti dà autorità,
la possibilità di riscrivere le regole
senza una singola esperienza.

"Non ho capito."
Certo che non l'hai capito.
Non perché non fosse chiaro,
ma perché non ti sei mai preso la briga di guardare.

"Pensavo volessi dire..."
No. Non hai pensato a niente.
Volevi fare a modo tuo,
ignorando ciò che era già stabilito.

"Non è il modo in cui lo gestirei io."
La ruota era già costruita, basta spingerla.
Ti è stato chiesto di girare la manovella,
non di criticarne la rotazione.

"Ho pensato che volessi l'iniziativa."
No, non ti ho chiesto di capire nulla.
Volevo precisione.
Volevo che il lavoro fosse fatto.

"Lo farò a modo mio. Lo capirai."
Grazie per il pasticcio.
Grazie per aver ignorato quindici anni di perfezionamento,
mattone dopo mattone,
così da poter fingere che la tua scorciatoia contasse.

No, i tuoi sentimenti non possono romperla.
No, le tue scorciatoie non possono cancellarla.
E no,
nemmeno l'intelligenza artificiale può tirarti fuori dai guai.

Le istruzioni non erano poco chiare.
Tu sì.

La prossima volta,
leggi le mie fottute istruzioni.

Fama

Successo	→	Distr zione
Grande Occasione	→	Distruzione
Perseverare	→	Dist u ione
Errore	→	Dis u one
Costruire	→	Di u ne
Cercare	→	D u e
Inseguire	→	u

La tua immagine pubblica
non è la tua priorità privata.

Devozione

Riteniamo che la devozione
ci faccia guadagnare il dono
dell'accoglienza,
del riconoscimento
e della regalità.

Così ci sposiamo.
Abbiamo figli.
Lavoriamo per vent'anni.
E tutto questo
lo presentiamo come un rito di passaggio,
attraverso un'illusione amplificata di significato.

Ma non abbiamo bisogno di più cose ordinarie.
Non abbiamo bisogno di devozione
alle convenzioni della società.
No.
Ne hanno avuto abbastanza
del nostro tempo,
della nostra grazia,
della nostra anima.

Un cimitero urla di mediocrità
e noi lo visitiamo ogni tanto
per ricordarci
che non ce la caviamo male come loro.
Che valevamo di più.

Ma è di più?
O è la stessa replica,
di nuovo –
stessa trama,
stesse persone –
solo volti diversi,
che temono l'inevitabile rimpianto dell'ordinarietà.

Una volta ho visto un uomo con del potenziale.
Ora vedo una folla piena di merda.
È la devozione alla norma che ci ha tormentato,
come un cane al guinzaglio in un cortile recintato:
grande, collinare,

libero di esplorare,
ma bloccato in un angolo,
dove la terra si mescola al fango.

Quel figlio di puttana desidera solo
liberarsi.
Come noi,
ancora e ancora.
Faremmo qualsiasi cosa
per afferrare la vitalità
che una volta avevamo dichiarato sarebbe accaduta.

Quindi fanculo
se mettono in dubbio la tua lealtà.
In ogni caso, non è mai importato.
La tomba
è il posto più silenzioso per i critici.
Erano vivi solo
quando ci hanno convinto
di essere devoti.

Lei è terribile — ma ne voglio di più.

Volare senza piume

Le persone vogliono essere osservate,
ma influenzare le masse rimane un concetto a sé stante.
Una vera connessione non brucia forse più di un ago?
Quando una brezza fresca ti solleva i peli del braccio.
Un brivido, così intenso, da lasciare una cicatrice.
Un difetto così autentico che puoi baciarlo.

E quando trovi quella persona,
il caos del mondo rallenta.
I lampi di inadeguatezza svaniscono.
Il cielo e i volti si illuminano di rosso fuoco,
e uno scopo si presenta.

La nostra vita diventa loro, da testimoniare.
Percorrono la vita,
desiderando che qualcuno veda la loro grandezza.
La profondità del nostro legame rimane un mistero per loro.

Io volo.
Io per te.
Io volo senza piume.

Più vivi della nascita

Niente è vivo
quando è ripulito.

Le macchie sul nostro viso
cancellate dall'aspettativa.
E dopo che sono state cancellate,
diventiamo ciò che ci si aspetta –
la vita preconfezionata
che spegne la natura vivace
di ciò che potrebbe o vorrebbe essere.

Vogliamo essere utili,
quindi ci atteniamo.
Ma barattiamo il desiderio –
ciò che una volta volevamo scompare.

E nei luoghi degradati del mondo,
l'alcol,
la droga,
le prostitute –
non sono disperati.
Potrebbero dirlo.
Ma vivono nella vivace beatitudine
della libertà.
Del caso e della meraviglia.
Del trionfo e della delusione.
Della brevità e del bruciore.

Come bugiardi che credono nei loro piani –
perché spesso falliscono,
ma ogni tanto
funziona.
E quando funziona,
è più vivo del tuo momento di nascita.
Perché anche la nascita era attesa.

Ma le possibilità in seguito?
Tutto dipende dal destino.

La maggior parte della vita non ha bisogno di essere spiegata,
la sua descrizione è sufficiente per la nostra logica.
Quindi il frastuono della vita ci fa andare avanti,
una turbolenza per cui sanguiniamo.

Dove possiamo imparare qualcosa di nuovo.
Dove possiamo incontrare qualcuno di nuovo.
Dove possiamo trasformarci in qualcosa di nuovo.

Per chi guarda,
nei luoghi sicuri in cui vivi,
è sicuro lì.
Ma è semplicemente lì.
Non sarà mai più
di ciò che è strutturato per essere.
È il tuo ultimo posto,
finito.

Non ci sarà nient'altro
che la morte.
E anche quella
sarà
prevista.

Corri, selvaggio, corri.

Avena d'acciaio

Senza volgarità,
come potrebbe l'uomo obbediente
rinunciare al compromesso
per definirsi per contraddizione?

Quando la rovina della classe operaia
si trasforma in ribellione spirituale,
si impara la verità più crudele:
la sicurezza uccide l'anima
molto prima della lotta.

Sciroppo che gocciola di lato

Gli uomini crescono per diventare dei o demoni.
La regione gioca il suo ruolo in questa decisione.

Alcuni conoscono posti dove gli uomini raccolgono pallet per pochi dollari,
imprecano tra sé e sé
e parlano solo di cose
che possono aggiustare con le proprie mani.

Altri imparano a riscuotere compensi per guadagnare di più,
imprecano solo mentalmente
e non parlano di nulla che non possa essere aggiustato
da chi colleziona pallet.

Pochi di noi si allontanano da un terreno fatto di
fuliggine, zucchero e spirito.
È lì che si guadagna ritmo dai nastri trasportatori
e compassione dalla stanchezza.

A nostra insaputa,
altri bambini calcolavano statistiche,
si muovevano nella vita con una calibrazione metrica.

Anche quando ci avviciniamo a quel mondo,
non possiamo liberarci del nostro istinto,
la capacità di misurare le emozioni.
Sappiamo come la rabbia si diffonde in una stanza,
come il silenzio si allunga tra una frase e l'altra,
come l'amore può suonare come una porta sbattuta.

Questo lascia un uomo perso in nuovi contesti,
intrappolato tra stabilità e autosabotaggio,
intrappolato al bivio tra convenzioni e convinzioni.
La maggior parte degli uomini invecchia e si guarda indietro,
mentre altri continuano ad andare avanti.

Noi cediamo volontariamente quel peso.

Un attrito tra ordine e sconvolgimento,
tra ambizione e collasso.

Puzza di vapore della metropolitana
e di elogi funebri viscidi di pioggia,
di sudore trasformato in sorsi di sintassi.
Ogni verso sembra guadagnato,
pagato con l'affitto notturno della solitudine.
C'è una linea sottile
tra il genio tormentato
e l'uomo comune tormentato.
Entrambi pagano le bollette,
si puliscono il sedere
e sperano ardentemente di non suicidarsi.

Raramente un uomo possiede sia sensibilità che intensità:
nocche ammaccate, cuore ammaccato,
ma ancora in movimento.

Siamo la cosa migliore, la cosa peggiore:
ci siamo fatti da soli, siamo tormentati da noi stessi, siamo consapevoli di noi stessi.

Ciò che non vedi è la nostra paura:
quella caccia a qualcosa
che sfreccia sempre appena fuori portata:
verità, significato, forse redenzione.
Eppure, pulsiamo di quella ricerca –
parti uguali di ribellione e rinnovamento,
parti irregolari di decadenza e sfida.

Ma non ci mettiamo in posa, cazzo.

Rifiutiamo il tuo gioco.
Viviamo il tipo di vita di cui
la maggior parte delle persone finge ancora di scrivere.
In parte fuorilegge. In parte filosofi.
Ci muoviamo per il mondo
come uomini allergici al permesso,
infondendo onestà in ogni decisione
finché non fa male al punto giusto.

E cade come sciroppo d'acero –
di traverso, a filo.
Niente da ammirare,
ma abbastanza per restare in vita.

E quando ci incontri,
lo senti anche tu –
il fumo, la polvere, la fame, il dolore.

La prova che i tuoi parametri non hanno mai significato molto –
ci sono ancora uomini che misurano la vita in base a ciò che
sentono,
non a ciò che guadagnano.
Non è arte. È sopravvivenza.
Il caos non ci ha mai abbandonato.
Abbiamo solo imparato a farlo cantare.

Verso la verità, non la performance.
Verso la presenza, non verso gli applausi.

Pistola

Anche i proiettili si preparano
prima di entrare in una canna.

Una pistola cede.
Una pistola prende.

Spara.

Un assaggio di distruzione
ha la giusta dose di sconvolgimento.

Torta senza glassa

Smettiamola di vantarci
di ciò che abbiamo comprato,
di ciò che abbiamo visto.
Di ciò che abbiamo mangiato, di ciò che abbiamo consumato.

Parliamo invece
di ciò che hai creato,
scritto, costruito –
qualsiasi cosa che non sia
il malware che detta le nostre vite,
un prodotto commerciale,
un alibi per un algoritmo.

Sniffamo informazioni come cocaina,
un'euforia costruita su pubblicità,
marketing mirato,
rivisitazioni di interpretazioni –
un processo artificiale
di falsa superiorità.

Una stronza qualunque,
un fratello qualunque,
un gilet grigio con il logo
di una banca.
Pantaloni cachi – fottuti pantaloni cachi.
Pantaloni come sacchetti di carta
aspirati fino a diventare gambe magre.

Quando siamo diventati
così noiosi, così prevedibili,
così arroganti del fatto
di essere noiosi?

La sofisticatezza ha corrotto
la nostra curiosità.
Troppo sicuri, troppo cauti,
troppo stanchi per preoccuparcene.
Ma nessuno se ne accorge.

Una simulazione per i seguaci,
gli adottanti del presente,
i cantastorie della comunanza.
E non c'è ciliegina sulla torta.
È solo una torta:
spugnosa, forse,
umida, mai...
così asciutta.

Messa in scena perché la ammiriamo.

Se sembra vera,
deve avere un sapore vero.
Ma non lo è.
È il nulla per cui viviamo.
Un'invenzione errata,
spalmata sul nostro live streaming.

Preferirei prepararmi la torta,
da zero,
e mangiarla intera.

Non lo faresti?

Questa Terra, Questo Movimento

Attraverso i cavi elettrici del treno
l'America si espone.

Le paludi si mescolano alle rotaie,
gli operai piantano bulloni,
gli occhi dei colletti blu si fanno più profondi, osservando
i passeggeri sfrecciare via.

C'è una calma insolita in tutto questo,
una visione lontana del caos quotidiano.
Il tempo rallenta
mentre il treno cattura immagini per noi.

Le utilitarie sembrano coccinelle,
i fuoristrada strisciano come scarafaggi.
Sempre più vicini,
siamo vicini,
pronti a schiacciarli.
Ma non succede mai.

Il cavalcavia li salva di nuovo.

Campi da calcio. Gru. Appartamenti sbarrati.
Distributori di benzina fatiscenti. Cortili disseminati di detriti.
Metallo su rottami,
montagne di sabbia,
campi di cespugli incolti.
E guarda, un aereo.

Alla fermata successiva, la gente siede sulle panchine,
conversazioni piene di meraviglia:
"È il binario giusto?"
"Ho perso il treno?"
"Devono essere cinque minuti di ritardo."

La vita aspetta.
La vita si muove.
La vita accade.

E mentre guido, osservo
la routine quotidiana, punteggiata come le auto in un parcheggio:
la stessa entrata,
la stessa uscita,
un timbro su un biglietto,
un altro giorno trascorso.
Un promemoria
per credere nel domani.

E io ci credo.
Credo nel paesaggio infinito costruito sulla virtù.
Il pensiero che se non è successo,
potrebbe succedere.
E finché continuiamo a muoverci,
potrebbe succedere.

Nella malinconica bellezza della possibilità,
credo in tutti là fuori.
Credo nelle loro speranze e paure.

Credo che questa terra sia la nostra terra.

Il cuore non può proteggersi dall'essere toccato.

Impero lamentoso

New York è una bestia,
ma è nostra da cavalcare.

Una città di dure conquiste,
sputi negli occhi,
colpi che ti lasciano sfigurato,
sanguinante, vuoto.

Arrestato sull'orlo dell'esaurimento,
ne hai ancora voglia.

Le strade sono disseminate
di quelli che non ce l'hanno fatta.
Le pubblicità urlano:
la tua faccia potrebbe essere lì,
il tuo nome potrebbe essere chiamato.

Tu.
Puoi farcela qui.
Puoi farcela ovunque.

E se non ti va bene,
vattene a fanculo.

Perché i newyorkesi –
i truffatori,
i facinorosi, gli agitatori,
gli instancabili militanti all'inseguimento –
sanno che la città dorme
solo per chi ce l'ha fatta.

So che sei sveglio.
Sai
che non riesci ancora a dormire.

La resistenza del fiume
dura finché
scorre il suo sogno.

Predatori della notte

Alla periferia della città,
dalle 2 alle 5 del mattino,
la notte procede a rilento.

A volte cammino,
prendendomi una pausa da quello che sto facendo.
Non so mai perché resto sveglio così tardi,
ma non è questo il punto.

Li vedo.
Non quelli viziati
che sperperano soldi nei locali,
che creano scompiglio.

No.
Intendo i vagabondi della notte:
gli spazzini,
gli spazzini,
gli addetti alla metropolitana.

Un gruppo unito,
legato da gilet fluorescenti,
sapone e schiuma,
rifiuti ammuffiti,
lanterne e occhi stanchi.

I vagabondi tengono la città in movimento.
Non c'è bisogno di ringraziare.
Ma quando cammino, cerco di incrociare il loro sguardo.
Mi fissano, imbarazzati all'inizio,
anche se non c'è nulla di cui vergognarsi.
Come i corridori che passano,
faccio un cenno di assenso.

La strada è piena di fumo, di quello che potrebbe essere.
Poi sorge il mattino,
cancellando il loro lavoro,
la città finge di essere autosufficiente.

Tutti vanno avanti con la loro giornata.
Niente da ringraziare.
Niente da dire.

Tutto esattamente come era ieri.
Proprio come l'hanno fatto i predatori.
Proprio come striscia la notte.

Lei è il vento,
impossibile da controllare.

Burberry Goddess Eau de Parfum

Quando trovi qualcuno che ti rende infelice,
che ti tiene insonne e a pezzi,
eppure più felice di quanto tu non sia mai stato,
sai che è raro.
Sai che non durerà per sempre.
Ma giochi comunque.

Perché hai vissuto bene –
e *bene* è morte.
Meglio soffrire,
meglio sgretolarsi,
che accontentarsi.
Non ero arrabbiato
perché mi ha lasciato baciarle la guancia in metropolitana –
ero triste.
Perché ieri erano le sue labbra.
E non avrei mai pensato che una cosa così stupida e banale
potesse importare così tanto.

Nessun piano ti prepara
alla fine,
ai piccoli momenti
che durano più a lungo.
Accompagnarla al treno,
anche solo baciarle la guancia,
dirle addio –
quello era un privilegio.

La sua forza non ha mai vacillato –
costruita da ogni cicatrice,
cresciuta da ogni fallimento.
La invidiavo.
Era una festa,
il tipo di amore che ti rovina.

La vita di un uomo è rovinata senza di lei.
La vita di un uomo è rovinata con lei.
La vita di un uomo è rovinata dall'amore.

Una volta,
sognavo mattine con caffè e uova,
di passeggiate autunnali con il cane,
di pomeriggi che scivolavano nella luce invernale.
Sguardi semplici.
Un altro ancora.
E un altro.
E un altro ancora.

Ma il cuore si spezza.
Quell'organo ostinato,
che dà vita al corpo,
collassa ancora sotto il suo stesso vuoto.
Nessuna logica lo spiega.
Nessuna certezza lo salva.
Niente di garantito.
Tutto da perdere.
Lei merita qualcuno di grande.
Quindi ora devo essere grande.

Anche se il suo fantasma aleggia,
il profumo lascia un uomo segnato.

La ricorderò con Burberry.

Non contribuiscono alla cultura.
Ne sorseggiano, poi sputano critiche.
Consumismo, corruzione, attenzione a buon mercato:
questa è la loro eredità.

La prima volta dell'infinito

E cambiamo.
È difficile da accettare:
non il cambiamento in sé,
ma l'impulso di stargli dietro,
il desiderio di aggrapparsi a un'identità.

Ma l'identità si reinventa.
Oscilla con il clima,
con le persone,
con il luogo.

Desideriamo conforto,
eppure siamo immersi nel caos,
condannati dalla virtù della città,
severi come la pietra.

A volte il desiderio diventa realtà,
e la disperazione si incrina all'istante,
più di quanto si possa sopportare.
L'ondata di emozioni represse troppo a lungo,
Versate,
traboccate,
spaventandoti con la sua inondazione.

Non ci sei abituato.
Non c'è niente da fare.
È la prima volta,
fino alla prossima volta,
che tocchi l'infinito.

Zuppa di lettere

Le azioni contro gli anarchici annientano l'eccitazione favorevole intorno all'arroganza.

Le aziende che fanno rimbalzare il bottino avvantaggiano i borghesi che gonfiano i palloncini.

Il caos controlla le scollature maligne.

I sosia deliberati distruggono destini definiti.

Gli eccentrici scavano elusioni stravaganti.

Le follie frivole falliscono, gli impianti fantastici formulano false, fottute invenzioni.

I giganti orribili gravitano grandiosamente verso tombe ghiaiose.

L'ostacolo isterico nasconde amici vuoti.

Accendi l'ignoranza dentro gli idioti ispiratori.

Le giustapposizioni a getto saltano fuori giustamente.

Il ketchup affine mantiene le cucine attive.

Le vite perse sono in agguato.

Gli idioti ipnotizzano, gli errori commessi con più malizia, rispecchiando le magre e tortuose manifestazioni dei media.

I fastidi inutili trascurano la necessità naturale, spingendo i nomadi vicino ai Neanderthal.

L'oppressione si verifica quando gli oppositori agiscono ostinatamente.

Le spinte persistenti esercitano una pressione sul pericardio.

I dubbi bizzarri tremano rapidamente, mettendo in discussione i ciarlatani per eccellenza.

I ricchi rivali raramente valutano le rimostranze ragionevoli.

Le soluzioni risolvibili inciampano bruscamente.

Il tumulto procede in punta di piedi tiepido,
accogliendo pensieri terribili.

La biancheria intima svela una comprensione utopica universale.

I beni di valore irritano insipide voci vulnerabili.

I maghi corteggiano donne infelici.

Xenofili xenofili Xerox.

La giovinezza bramosa yak giallo.

Gli zoo vivaci zigzagano con entusiasmo gli zigoti.

Tutti i piccoli modi che cerchi per risparmiare
non valgono mai il tempo che impieghi a trovarli.

Paga.
Per.
Comodità.

Resto in piedi

Abbattimi.
Ingannami.
Fammi inciampare mentre cammino.
Resterò in piedi.

Anni di concentrazione.
Anni di impegno.
Anni di fallimenti.
Resterò in piedi.

Tra la folla.
Fuori dalla folla.
Solo con il silenzio.
Resterò in piedi.

Dubitato.
Dubitando di me stesso.
Ingannato dal dubbio.
Resterò in piedi.

Così pesanti che le mie gambe mi tradiscono,
così esausto che la mia mente diventa intorpidita.
Sussurro: non riesco a stare in piedi.

Depresso.
Privato.
Mortificato.
Sconfitto.

Mi accovaccio, crollo: quasi scomparso.
Ma mi rialzo.
Resterò in piedi.

Ricostruisci.
Ravviva.
Rialzati.

Devo stare in piedi.
Non perché me l'hanno detto.
Non perché fingo di farlo.
Ma perché lo specchio non lascia scelta.

Altri dicono di sedersi.
No.
Mi alzo.
Perché oso.
Perché la vita è mia.
Perché stare seduto non è niente.

Mi alzo per me.
Mi alzo per te.
Mi alzo.

Comprendere lo stupido

Le persone affermano di volere l'autorità,
ma danno loro il peso della scelta,
e si appoggiano al permesso degli altri:
software, sistemi,
o di chi detiene posizioni di potere.

Trascurare la responsabilità
non è ragionevole,
anche se altri lo chiamano ritirata.

La maggior parte non riesce a concepire di essere
considerata una sciocca.
La colpa li terrorizza.
La schivano
come un fulmine schiva il terreno,
spostando la colpa più velocemente del pensiero,
fingendo di averla avuta.

Ma dentro di sé,
sono sollevati.
Sollevati di rinunciare all'intento.
Sollevati di rimanere invisibili.

È in questa resa
che la maggior parte vive senza integrità,
rifiutando l'opportunità
di fare qualcosa di sé,
tutto per pura paura
della propria vanità –
una fobia di esporsi.

La più crudele codardia.
I deboli di cuore,
temono il proprio risveglio.

Hai fuoco nel cuore,
o fumo nella testa?

Non abbiamo lasciato reliquie

Nessuna reliquia è mai stata ricordata per la sua mera esistenza.
Siamo diventati espedienti e critici: consumiamo,
consumiamo, consumiamo.
Ci aggrappiamo alla nostra opinione sulle cose,
fingendo di essere in uno spazio tra
ciò che pensiamo ci rappresenti,
ma che di certo non è chi siamo veramente.

Vogliamo così disperatamente che le persone ci ascoltino,
che ci dicano che abbiamo ragione,
anche quando confondiamo ciò che
vogliamo da noi stessi.

La nostra moderazione non è forza.
È obbedienza.
E per questo ci aspettiamo una ricompensa.
Quando questa ricompensa non arriva, cerchiamo vendetta,
per ragioni che abbiamo già dimenticato,
ragioni che molto tempo fa ci hanno rubato il senso di noi stessi.

La nostra anima incontra il prezzo, il commento, e cose del genere.
Diventiamo versioni ridotte di noi stessi,
decisamente prive di umidità. Falliamo in ciò che pensavamo
fosse giusto,
e ci inaridiamo con falsa importanza –
indignati che ciò che è debba essere giusto,
anche se ricadiamo nella vecchia teoria
e ricordiamo lo scintillio della verità.

Persino quella verità può risvegliare un'ondata di fatti,
ognuno dei quali torna indietro verso il presente essenziale –
non con servitù, ma con timore anticipatore.
I pezzi della nostra vita allineati in un ordine forzato
che rifiuta il caos.

Ma una sorta di caos è ciò per cui dobbiamo vivere.

In quale altro modo possiamo aprire le riserve della mente
a qualcosa di nuovo, fresco, inesplorato,
non tradito – sconosciuto persino alle fibre fondamentali

del sangue, delle vene e di un cuore
che ancora pompa per qualsiasi cosa di cui abbiamo bisogno.

E non abbiamo bisogno di sapere cosa sia.
Non abbiamo bisogno di saperlo.
Non ne abbiamo bisogno.
Non abbiamo bisogno di tutte le cose
che speriamo facciano accadere spontaneamente qualcosa.

Tutto ciò di cui abbiamo bisogno è la mente per cercare:
per cercare maggiore crescita,
per cercare maggiore esperienza,
per cercare l'immutabile libertà di modi spensierati
che un tempo ci rendevano fiduciosi –
non del futuro,
ma del presente.
Allora.
E di qualunque cosa ci abbia preceduto.

Con un flusso costante di desiderio,
possiamo arrivare al punto di sembrare impraticabili
al resto del mondo.

Ma forse è proprio questo il punto.
Per vivere così vividamente non lasciamo alcuna reliquia,
solo voci.
Per scomparire non per un fallimento,
ma per aver bruciato troppo intensamente per essere archiviato.

Perché il futuro non ricorda ciò che è semplicemente
sopravvissuto.
Ricorda solo ciò che ha osato essere.

La vita si asciuga
velocemente come la vernice su un muro,
e si muove
lentamente come una scala mobile.

Confuso per un battito

Sembra sospetto
incontrare qualcuno
con un passato troppo vicino al tuo.

Gli impostori si impongono
sulla cruda vulnerabilità dell'anima,
intrisa dell'impeto dell'unità.
Nulla sembra più forte.

I punti di pressione stringono
con feroce determinazione.
Un urlo fugace
brucia lo spirito.

Un'illusione spazzata dal vento
provoca il dolore della solitudine,
finché l'onda non si infrange,
mossa da una mente turbolenta,
scambiata per un battito cardiaco.

Una tragedia vivente,
di nuovo andata,
di nuovo solitaria.

Mai più.

Scrivere come un pazzo

Scrivi meglio
quando smetti di censurarti.

Quindi vivi un po'.
Studia l'esperienza.
Dai un ritmo.
Perfeziona la tua arte.

E quando non ti sembrerà più un lavoro,
dì quello che vuoi.

La tromba brutale

Quando la vita strimpella le sue corde,
suoniamo il canto della brutalità.
Nessun'altra melodia andrà bene.

I nostri filtri si purificano;
suona la tromba del risentimento.
Il passero della discordia canta.

Siamo infelici con noi stessi.
Siamo infelici con gli altri.
Siamo infelici insieme.

Eppure cantiamo all'unisono:
un'armonia di scherno,
un coro di sussurri alle spalle.

Perché niente brucia di più
che vedere il proprio riflesso,
e trovarlo insopportabile.

Giovane compagnia

Mi circondo di giovani compagni
per dimenticare la mia fragilità.
Non temo l'invecchiamento;
sono gli effetti dell'età a preoccuparmi.
Ho paura di dimenticare cosa significhi essere freschi.
Quindi mi circondo di giovani compagni.

Non sono travolti dall'inquietudine.
C'è ambizione nelle loro anime.
Non sono stati delusi abbastanza da sentirsi in colpa.
C'è una comunità inerte,
e fluttuano senza soluzione di continuità come nuvole nel cielo,
adiacenti ai vibranti blu,
bianchi ciuffi di pura innocenza.

Mi sto avvicinando ai quarant'anni.
I miei capelli si sono diradati.
Cavolo, so che li perderò tutti presto.
La mia pancia si dilata più velocemente di prima;
i postumi della sbornia durano più di un giorno,
eppure questo non passa per la mente dei giovani compagni.

Anche se scherzano sulla mia età,
e anche se sembro il tipo inquietante
che deve crescere,
sanno che è diverso.
Lo vedono nei miei occhi:
l'impavida illusione di un uomo che insiste,
che si rifiuta di lasciarsi sopraffare dal mondo.

Quando vedo il cambiamento nei loro occhi –
di solito quando meno me lo aspetto –
quando la resa prende il sopravvento sulla rissa,
quando gli urlatori smettono di urlare –
è allora che devo trovare nuova compagnia.
Non posso stare con nient'altro.
Non posso.
Non posso proprio.

Sarò sempre con i giovani.
Vivo del loro fervore per il caos.
Faccio fatica a essere più calcolatore,
perché, nonostante la mia saggezza,
vengo comunque coinvolto nella loro indisciplina –
per la quale la loro ingenuità li scusa.
A volte, anche quando so
che dovrei rispettare le regole della società,
mi inganno, volendo provare
di nuovo un senso di invincibilità.

Mi lascio convincere.
Altrimenti, non resterebbe molto.
Diventerei come quelle persone che guardano indietro,
che decidono che quei tempi sono passati.
Ricordanti.
Non vorresti essere qui se succedesse.
Non sopporteresti la vista dei miei occhi più tristi.

Così resisto.
L'emozione della scoperta supera
il raggiungimento della destinazione finale.
Ed è per questo che mi ritrovo
in compagnia di giovani.
La storia non finisce mai.

Inferno nel suo sangue

Ultimamente non sono innamorato.
Forse tutto il mio amore è stato consumato.
Troppe donne.
Non sono più preso come prima,
quando focolai di lussuria mi bruciavano dentro.

La mia passione ora sembra superficiale,
più vecchia degli anni in cui la buttavo via.
Mi manca quella sconsideratezza.
La rifarei se potessi.

Forse sono in una fase di attesa.
L'attesa è un peso,
ma è l'unico modo per valutare le opzioni.

Gli intervalli tra i momenti
si trasformano in ricordi:
quello che avevo una volta,
quello che ho perso,
quello che potrei ritrovare.

Continuo a scherzare.
Le ragazze sono spensierate,
l'inferno nel sangue,
più eccitate di un diavolo in paradiso.

Ma non mi eccita più allo stesso modo.
Forse perché so già
cosa succede nel tempo
al loro raccolto.

All'inizio sono come il mais nella sua buccia,
bianco-dorato che vira al giallo,
vivace, raggiante.

Una volta colto, l'energia svanisce.
La routine si fa strada.
Il mais diventa marrone,
fragile,
annoiato.

È allora che lo butto via.
Non lo voglio più,
e nemmeno loro.

Quindi aspetto.
Arriva la prossima stagione,
che io lo voglia o no.

Aspetto sempre.

Una specie di caos

L'estate era stata noiosa.
Era tutto da capo.
Poi arrivò un incontro casuale.

Lei era più giovane,
quindici anni meno di me.
Ma io ero un vecchio guantone da ricevitore,
logoro, ruvido,
pronto per un altro lancio.

Ne avevo bisogno.
Lei ne aveva bisogno.
Non lo sapevamo finché non lo provavamo.

Una mente stagnante
ha sempre bisogno di una bella scopata.

Senza,
il cervello è solo un circuito allentato,
elettricità in attesa di una lampada.

Sempre alla ricerca di qualcosa.
Sempre in cerca di stimoli.

Il peso della vita scorre
in correnti di nostalgia.
Così, quando scatta una scintilla,
scoppia la lampadina,
è il ferro dentro che cerchiamo,
non l'illuminazione.

Abbiamo scopato.
Abbiamo infranto le regole.
Lei lo ha urlato
ancora e ancora.
Questo è il dolore del piacere.
Questo è l'impeto della liberazione.
Questa è la rottura del movimento.
Il sesso, come la droga,
ci provoca una crisi d'identità.
Ogni tanto hai bisogno di un po' di oscenità.

Il desiderio carnale ci ricorda l'umanità.
Una mente aperta contro la corrente comune,
ci mostra la persona che siamo... non lo siamo.
E forse questo significa
che possiamo essere qualcun altro.

Perché se non ti nutri,
morirai di fame per
privazione,
licenziamento,
o per un cazzo morto.

Non abbiamo sofferto la fame.
Non ci siamo difesi.
Ci siamo solo rifatti.
Questa volta più lentamente.

Il cazzo, rigido per le conseguenze.
La sua deglutizione, ricca, come un delta.
E la pietra scivolò
attraverso la cascata della sua sabbia.
Era seta,
una discesa di euforia.
E ognuno di noi palpitava
un po' di più,
un po' più caldo,
un po' più luminoso,
finché la roccia
non si sbriciolò
in
fango.

Poi restammo lì,
attraverso le pianure.
Eravamo tornati alla normalità,
finché non ci abbiamo ripensato troppo.
Ma per ora non lo facciamo.
Perché rovinare
una sorta di caos?

La maggior parte delle persone va avanti prima di guardare e chiedersi perché si schiantano.

Fotografa: Sasha Kay

L'autore

Joseph Adam Lee è un poeta e scrittore franco-americano originario di Lewiston, Maine, dove il fumo delle fabbriche e la luce del fiume gli hanno insegnato per la prima volta il ritmo della poesia. Ogni verso che scrive appare vissuto, schietto (senza scusanti) ed elettrico di auto-interrogazione. Il suo lavoro si pone come il ritratto di un uomo che lotta con il significato nell'era della performance.

Vive a New York.

Informazioni di Contatto

Email: joe@therebelwithin.com
Sito web: www.josephadamlee.com
Instagram: @joseph.adam.lee

Indirizzo per Lettere e Pacchi

Red Fox Runs Press
C/O Joseph Adam Lee
909 3rd Avenue
#127
New York, New York 10150
United States of America

www.ingramcontent.com/pod-product-compliance
Lightning Source LLC
LaVergne TN
LVHW091135080826
845145LV00008B/2156

* 9 7 8 1 9 4 6 6 7 3 7 5 6 *